挪威

自助超簡單

高郁欣 文・攝影

SILD - FISK
ALFRED SKULSTAD
SCHJØTT
KJETIL SØRENSEN

從首都奧斯陸出發，來趟不可思議的鐵道之旅，搭乘郵輪感受松恩峽灣的綿延絕美，挪威縮影讓人驚豔不已。

Contents

推薦序

說到挪威，第一時間想到的就是「極光」，其實，在這個距離臺灣十多個小時的國家，不只有極光，天然美景和豐富文化更值得我們認識。本書裡清楚介紹「挪威之美」，要是你（妳）跟我一樣，非旅遊達人，請好好拜讀這本「秘笈」。

（photo by FenSheng）

自助旅行最怕交通不便，挪威比臺灣足足大了九倍多，用什麼方式移動很重要，該坐計程車、還是搭地鐵？如何搭乘？到當地租車好不好？這些問題別問我，看書一目了然。另外，該住什麼地方？有旅館、民宿和小木屋……等，書中依照價格幫大家統整，種種細節，讓你（妳）第一次到挪威就上手。

還沒去過挪威的我，看完書，已經規劃好前進挪威。你（妳）心動了嗎？那我們一起行動吧！

記者・新聞主播　馬湘瑩

　　我喜歡旅行！尤其是自助旅行，這是件快樂又充滿成就感的事，行程掌握在自己手裡，喜歡的景點，想停留多久就停留多久，不用趕路、不用配合其他團員，甚至因為行前做足了功課，會比跟團旅遊更加認識這個國家。

　　但是自助旅行其實沒有想像中的輕鬆簡單，從訂機票、買車票、規畫行程、找住的地方，當地有什麼必玩、必吃、必訪景點，真的是件耗時又耗力的苦差事，要確認和預定的事情又多又雜，每一項都要在出發前確認清楚。但強烈建議做足了功課再出發，才不會到了當地被當成肥羊、任人宰割，或一不小心冒犯了人家的禁忌，所以有一本像是護身符的旅遊書，是非常重要的！。

　　「挪威自助超簡單」的作者小欣，旅居挪威兩年，深刻融入當地生活，可說是半個挪威人了。書中除了介紹挪威的交通、景點、歷史和文化外，還有用少少的錢玩挪威的方式，不僅介紹廉價機票要怎麼買？如何找到較便宜的住宿？還有哪些是挪威傳統必吃美食，就適合像我這樣愛玩、但預算有限的小資族，能把省下來的錢拿來買戰利品。

　　「挪威自助超簡單」還有詳細的圖文介紹，每個地名有挪威文對照，讓你到了挪威，即使當地語言不通也不用怕，把護身符「挪威自助超簡單」拿出來就對了！

記者・新聞主播　連珮貝

哈囉！
挪威

關於挪威

第四冰河期約在西元前 12,000 年結束，海平面開始上升，此時第一批移民到達挪威，在海岸進行狩獵、捕獵海豹和魚維生。

日耳曼民族從西元 790 年開始擴張，直到西元 1066 年，稱為「維京時代」。維京人是著名的航海家，在歐洲許多國家都擁有殖民地，維京人不只是海盜，同時也進行貿易行為。

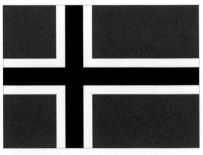

到了維京時代末期，北歐開始出現獨立國家，同時也接納了基督教，當各國王權逐漸強大，開始能夠抵抗維京海盜，維京霸業便走向消亡。

西元 1397 年，挪威和丹麥、瑞典建立「卡爾馬聯盟」，約定三個王國接受丹麥王室統治，共同對抗德意志「漢薩同盟」。14 到 16 世紀，丹麥為了爭奪漢薩同盟在波羅的海的貿易支配權，進行了一連串的戰爭。

西元 1523 年，反對丹麥統治的瑞典貴族在漢薩同盟的幫助下恢復獨立，但挪威依然跟丹麥維持聯盟關係。西元 1534 年，挪威王國的地位被降為丹麥的省分。

19 世紀初期，在拿破崙戰爭中支持法國的丹麥戰敗，根據西元 1814 年簽訂的《基爾條約》，應將挪威割讓給瑞典，然而挪威藉此宣布獨立，推選當時出任總督的丹麥王儲以克里斯蒂安・弗雷德里克的名號即位國王，並於 1814 年 5 月 17 日簽署兼採美國和法國憲法精神的挪威憲法。

　　儘管之後瑞典藉著武力優勢迫使克里斯蒂安退位，與挪威成立君合聯盟，直到西元 1905 年聯盟關係才和平結束。5 月 17 日被認定為挪威憲法日，也是日後挪威的國慶日，每年到了這一天，挪威全國人民都會一同歡慶。

　　19 世紀中期，挪威的民族浪漫主義開始崛起，體現在文學、繪畫、音樂及語言等各個層面，亦導致今日挪威有兩種官方書寫形式——書面挪威語（Bokmål）和新挪威語（Nynorsk）。

　　第二次世界大戰時，德軍於西元 1940 年 4 月偷襲挪威，挪威與盟軍部隊抵抗了兩個月，仍然被德國占領、統治了將近五年之久，其間挪威國王轉進英國成立流亡政府。

　　戰後為了感謝英國在第二次世界大戰中對挪威的援助，奧斯陸（挪威首都）在每年 12 月都會送給英國一棵聖誕樹，放在倫敦的特拉法加廣場。

　　西元 1969 年，挪威在北海發現了石油資源，從此成為石油出口國，對挪威的經濟發展影響深遠。

挪威地理

　　挪威面積 385,054 平方公里，是由巨大的峽灣及上萬個島嶼綿延而成，最吸引人的是峽灣，受冰川侵蝕而成的峽谷在冰河期結束時被海水淹沒，形成又深又陡的海灣。其中「松恩峽灣」是世界第二長的峽灣，《國家地理》雜誌也將挪威的峽灣列為全世界未受人為破壞的最佳自然旅遊景點之一。而挪威的土地主要是以花崗岩及片麻岩為主，但板岩、砂岩及石灰岩也很常見。

挪威人口

　　2016 年挪威人口總計約為 521 萬人，人口成長率為 1.27%，少數民族薩米人約有 3 萬，居住在挪威北部，首都奧斯陸人口約 62 萬人。在 20 世紀後期，挪威就已經吸引了來自歐洲南部、中部，及中東和非洲的許多民族前往居住，不同民族擁有不同的語言、宗教與文化，到了 2012 年之後，有超過 71 萬的外來移民在挪威居住，並孕育他們的後代。

挪威經濟

挪威的經濟體系屬於混合經濟，是福利資本主義和社會民主主義特色融合而成的自由市場經濟。在 2016 年的世界各國人均 GDP（國內生產總值）挪威排名第三，以 PPP（購買力平價）計算出的人均 GDP，挪威名列全球第六富裕的國家。

挪威的天然資源豐富，包括石油、水利、森林、礦產和漁業等，經濟尤其仰賴石油及天然氣，國家的財政收入以石油生產最具貢獻。挪威政府利用石油和天然氣所帶來的營收成立了一個主權財富基金，因應當人口結構逐漸高齡化時，可以作為政府退休基金之相關經費。

挪威的醫療保健是免費的（16 歲以上需付掛號費用）；父母在小孩出生後共享有 46 週的全薪育嬰假；失業率低，即使突然失業，政府也會在失業期間給予補助。在平等的挪威社會中，藍領工人與一般白領階級的平均薪資差距不大。

為了保護森林資源，挪威成為全球第一個承諾「森林零砍伐」的國家，政府部門也積極地找尋對環境衝擊最小的替代方式來提供人民之所需。

挪威宗教

在早期的斯堪地納維亞國家接納基督教後，古代日耳曼民族的神話就成了北歐異教。11 世紀時基督教被引入挪威，從此其他的北歐宗教和儀式就被取代，而少數的薩米人則保留了原有的薩滿教。

現在挪威的主要宗教信仰為基督教，憲法中規定在位的國王必須是「信義宗」的成員，社會價值觀亦建立在基督教的教義之下，挪威人會到教會裡進行洗禮、成年禮、婚禮和喪禮等各種禮儀。隨著社會的改變，2012 年挪威修改憲法，取消信義宗的國教地位，目前約有 82% 的人口信仰基督教。

傳統服飾

挪威的傳統服飾稱為布納德（Bunad），起源於 18 ～ 19 世紀農家所穿的各種農裝。在戰後，布納德並不是常見的服飾，但在各種重要場合，如洗禮、成年禮、婚禮及國慶日，一定會看到許多挪威人穿著布納德，就像是晚會時所穿的正式服裝。布納德會因為地區和身分不同而有些許差異，服裝上的刺繡和金、銀配件也有所不同，價格約在 2,000 ～ 10,000 美元之間，許多挪威父母會把布納德當作禮物送給孩子。

布納德的樣式通常很講究，有不同的配飾、刺繡、圍巾及披肩，也會因為男女不同而有所分別。胡爾達（Hulda Garborg，1862 ～ 1934）和克拉拉（Klara Semb，1884 ～ 1970）是將布納德帶到主流文化的先驅，她們從建立單一的民族服裝轉向發展地區的傳統服飾，透過設計加上刺繡的裝飾，作為人們在節慶時的穿著。政府對布納德的各種細節，如顏色、布料、刺繡、珠寶及頭飾等，都有嚴格規範。

時差

臺灣的時區位在格林威治東一區（+1），挪威的時區則是格林威治東八區（+8），時間與臺灣相差 7 小時。在夏令日光節約時間，時差會減少一個小時，則比臺灣晚 6 小時。

> **Info**
>
> **夏令時間**
>
> 歐洲國家（冰島除外）因為季節性的日光，每年從 3 月最後一個週日，到 10 月最後一個週日實行夏令時間，在春季開始將作息提前 1 小時。

電壓

挪威的電壓為 220 伏特，插頭型式是歐
規雙腳圓型，所以記得要帶轉換插頭，也要注
意電器的規格是否可以使用 220 伏特的電壓。
一般手機和相機的充電器都內建有變壓器，可
以支援 100 ～ 240 伏特的電壓，帶個轉換插頭

就可以使用；但如果是吹風機或其他的電器，就要注意最大承載電壓是否
可以到 220 伏特，不然到了挪威一接上插座，就會因為電壓過大而損毀。

治安

挪威的治安普遍還算不錯，首都奧斯陸因為外來移民較多，所以市區
經常可見外國人，不過挪威政府對移民的管制良好，給予人民完善的福利，
所以偷竊的比例很低，但還是建議夜深不要在行人太少的地區走動，避免
發生無法預測的憾事。

禮儀及禁忌

在挪威人的社交禮儀中，對於剛認識的朋友可以簡單地握手，然後介
紹自己的名字，不必像歐洲其他國家還要擁抱或互碰臉頰，在挪威只要握
手打招呼就行，離開時也是互相握手道別；之後比較熟悉就可以擁抱問好，
簡單地寒暄最近過得如何。

挪威人到餐廳時通常都會先點一杯飲料，然後開始交際，之後再點餐；
餐桌禮儀不至於太過拘謹，所以可以按照自己的喜好，不必過於拘束。

關於禁忌部分，因為挪威人比較注重隱私，如果不是很熟的朋友，除
非他們主動談論，不要提及工作、薪水等私人問題，不然有點失禮。

行前準備

旅行文件

在出國前將必需的文件準備好,才不會被困在海關而壞了興致,旅行的時候也可以更自在。

護照

出國前要注意護照的效期,一定要有半年以上才能出境,到了國外如果護照效期不足 6 個月,海關可能不會讓你入境。假使你預計在國外停留 3 個月,那麼護照效期就至少要有 9 個月,不然也會無法辦理出入境手續。

簽證

挪威屬於申根公約國,從 2011 年起,國人可免簽證入境 26 個申根公約國及部分歐洲國家,在 6 個月的期間內最多可停留 90 天,而且從歐洲要前往其他免簽國家很方便,可以趁著去挪威遊玩順便到鄰近的歐洲國家旅行。為了避免某些國家的海關或地勤人員並不清楚我國享有免簽證的待遇,可以在外交部網站的下載專區列印歐盟通過予我免申根簽證待遇之第 339 號公報(英文),當在海關被問到關於簽證的問題就能輕鬆應對。

切記只有以旅遊為目的入境才能享有免簽證待遇，如果是進修、商務洽談或預計停留超過 90 天，那就必須要向挪威的移民局（UDI）申請簽證，辦理各種簽證所需備齊的證明文件不同，可至挪威移民局網站（英文）查詢相關規定。若未依規定申請簽證或在當地從事與停留目的不符之活動，可能會被驅逐出境。

旅遊平安險

原本從 2010 年 10 月起，需持簽證入境申根國家者依規定都必須辦理申根保險，在歐盟同意予我免申根簽證待遇後，則沒有嚴格限制申根保險為入境之必要條件。但是歐洲國家的醫療費用相當昂貴，若在當地生病或是發生事故，需要負擔的費用十分驚人，所以強烈建議大家還是要購買醫療保險。

出國遊玩就是要盡興，總不希望自己生病或是出了意外還要付一大筆的醫療費用，建議可以找保險公司幫忙規劃合適的旅遊平安險，只要花少少的錢就能讓自己在旅程中多一分保障。記得索取英文投保證明，並詳細閱讀海外急難救助條款，萬一遇到班機誤點、停飛，或是行李遺失、財物失竊等問題，才不會求助無門。

申根保險

辦理申根簽證時需提供有效且符合規定的醫療保險證明正本（英文）。
■ 保險須在所有申根公約國境內有效。
■ 保障期須含預計停留於申根國家的期間。
■ 保險給付額度至少 3 萬歐元。
■ 保險須涵蓋所有醫療費用，包括醫療遣送或遺體運送。
■ 醫療費用由保險公司直接給付當地醫院。
■ 保險公司須在申根區內有聯絡點。

國際駕照

如果打算到了挪威要自己開車出遊，只要事先帶著身分證、護照、汽車駕照和照片，到監理所辦理國際駕照就可以了。記得要將國內駕照和國際駕照一起帶出國，而且駕照效期最好在半年以上。

挪威跟臺灣一樣是左駕，在歐洲手排車的比例較高，但是也有自排車，所以只要在租車前確認好就不會有問題。若是冬天租車，要注意車子是不是已經更換成雪胎，因為雪地駕駛容易打滑，所以大家開車時要多注意。

國際學生證

挪威的許多博物館、美術館及一些交通工具都有學生票，持學生證就可以享受優惠，所以年滿 12 歲的在校學生都應該要辦理一張國際學生證，出國旅遊比較省錢。

在臺灣可以向康文文教基金會申辦國際學生證，只要備妥在學證明、照片及申請表，繳交申請費用 350 元就可以辦理。

Data
康文文教基金會
◎網址：www.travel934.org.tw
◎臺北辦事處：臺北市忠孝東路四段 142 號 5 樓 504 室
◎電話：(02)8773-1333
◎上班時間：週一～週五，09:00 ～ 17:30

機票

確定了旅行的目的地之後，就可以開始查看機票的價格，如果沒有偏好的航空公司，就看旅行日期、飛行時間、轉機次數與網友評價是不是符合你的需求，接下來介紹如何選擇航空公司及上網比價、訂購機票。

航空公司

挪威位在北歐，沒有從臺灣直航的班機，通常都是先搭機飛往歐洲，再轉機前往挪威，航空公司的選擇相對會比較多，如：瑞士航空、荷蘭航空、泰國航空、中國南方航空、德國漢莎航空、英國航空、國泰航空和中華航空；也可以選擇在中東轉機再前往挪威，像是阿提哈德航空、土耳其航空、卡達航空及阿聯酋航空，皆有飛往挪威的航班。

經濟艙的座位

飛機上的餐點

其實各家航空公司都有不同的優點和缺點,該如何選擇就看自己對長途飛行最在意的需求是什麼?以下是我搭乘過幾家航空公司後的感想,提供給大家參考。

中東的航空公司座位普遍寬敞一些,乘坐起來會比較舒適,其他航空公司的座椅就都屬於一般尺寸。餐點的部分其實大同小異,雖然亞洲的航空公司會供應亞洲菜色的食物,而歐洲的航空公司就會有歐式的餐點,但不外乎是雞肉、豬肉和牛肉的選擇。在娛樂部分,幾乎所有的航空公司都有新的影片可以欣賞,讓你在長途飛行中不會感到無聊,只是中東及部分歐洲的航空公司提供的亞洲電影較少。

比價網站

除了可以多找幾間旅行社幫忙查看各家航空公司的機票價格,現在網路上還有許多比價網站,像是背包客棧、Skyscanner、momondo、FunTime,都可以查詢航空公司的航班信息,並列出各類優惠價格,甚至可以建議你最佳的日期與航班組合。

　　我會建議大家先在網路上查詢自己偏好的航空公司和航班，再詢問旅行社是否有相同的機位，有時候網站上的價格是促銷價，所以旅行社的價格不見得會相同；或是可以直接至航空公司的網站查詢，有時候也會出現意想不到的折扣。接下來就以 momondo 作為範例，告訴大家要如何利用比價網站。

Step 1 在目的地填上奧斯陸（OSL），再選擇旅行日期及同行人數。

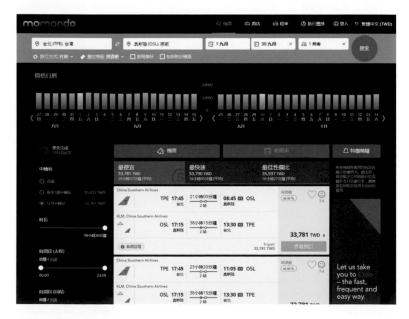

Step 2 按下搜索之後就會出現最低價的航班組合。

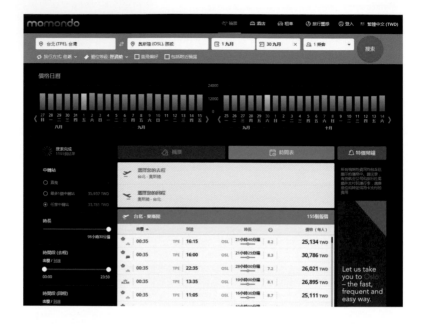

通常飛往歐洲的優惠航班都會是在深夜或凌晨出發，抵達歐洲的時間則是中午或傍晚，如果有適合自己的航班就可以訂購。

訂購機票

現在有各種管道可以訂購機票，像是經由旅行社、航空公司官網，這些是比較有保障的方式，如果遇到問題也比較容易解決。若是要利用比價網站訂票，就必須確定旅行日期不會更改，訂票之後再要求改票或退票，可能需支付高額的手續費，而且容易發生爭議。接下來介紹如何經由旅行社網站查價、訂票。

國外機票快速搜尋

▶ 出發地	台灣桃園國際機場 ⟫　□直飛
▶ 目的地	歐洲 ⟫　挪威 ⟫　奧斯陸(OSL) ⟫
▶ 航段	來回 ⟫　▶ 航空公司　不限航空公司 ⟫
▶ 出發日期	20170129　DAY
▶ 票種	不限票種 ⟫　▶ 艙等　不限艙等 ⟫

搜尋

Step 1 在目的地填上奧斯陸（OSL），再選擇出發日期。

1	土耳其航空	2017/01/29起 2017/06/14止	4天 - 12個月	L	伊斯坦堡	年票	16,380元	16,554元	說明	訂位
2	德國漢莎航空	2017/01/01起 2017/06/30止	6天 - 12個月	S+L	香港..	年票	17,258元	17,446元	說明 德航LH＋國泰CX／出發	訂位
3	土耳其航空	2017/01/29起 2017/06/14止	4天 - 12個月	T	伊斯坦堡	年票	19,380元	19,586元	說明	訂位
4	德國漢莎航空	2017/01/01起 2017/06/30止	6天 - 12個月	S+T	香港..	年票	20,484元	20,707元	說明 德航LH＋國泰CX	訂位
5	德國漢莎航空	2017/01/01起 2017/06/30止	6天 - 12個月	S	香港..	年票	23,710元	23,967元	說明 德航LH＋國泰CX	訂位
6	卡達航空公司	2017/01/26起 2017/01/30止	3天 - 5個月	N	香港..	旅遊票	25,740元	26,014元	說明 國泰CX+卡達QR	訂位
7	阿聯酋航空	2017/01/29起 2017/01/31止	3天 - 4個月	U	杜拜	EARLY BIRD	26,660元	26,944元	說明 出發前3天完成訂位／開票	訂位

Step 2 按下搜尋，就會出現各家航空公司的機票價格，但要注意這是還沒有加上機場稅和燃油附加費的價格。

選擇旅客人數

| ▶ 成人票 | 1 ⟫ 人 | ▶ 兒童票 | 0 ⟫ 人 |

1. 年滿2~12歲之孩童請買孩童票，如無孩童優惠價，請洽客服人員兒童票面價，或改買其他有兒童之票種；2歲以下的嬰兒，請另洽客服人員訂購嬰兒票。
2. 依航空公司規定，12歲以下兒童不可單獨旅行，除非您已向航空公司提出兒童單獨旅行之申請，並獲得航空公司核準，故若兒童需單獨旅行時，請於訂票時主動提示，本公司將會依各航空之規定告知您如何辦理相關手續。另外，兒童單獨旅行時需購買全額票或大人票，請勿購買折扣票。
3. 各家航空公司規定不一，欲知詳情請洽客服專線。

選擇去程/回程日期

| ▶ 出發日期 | 2017/01/29　DAY | ▶ 回程日期 | 2017/10/27　DAY |

1. 若您的回程日期尚未決定，希望開立OPEN(即回程暫不訂位)，仍請先擇一回程日期，並在送出訂購前於「需協助事項」註明需求，由客服人員協助處理；請注意，多數票種不允許回程OPEN，故可否OPEN須以機票之商品說明或客服人員之回覆為準。
2. 如有操作上的問題，請洽國際機票客服專線。
3. 系統報價之應付總額不含機票說明中的特殊加價(其他加價、期間加價、停留加價)，而售人工作票處理，訂單成立後將由客服人員與您聯絡調整金額。

下一步查詢航班

Step 3 選擇欲訂的航班後，再次確認出發和回程的日期，以及同行人數。

	航班	起飛	抵達	當地出發時間	當地抵達時間	飛行時間	機型	艙等	機位狀況
○	土耳其航空 TK 25	台灣桃園國際機場 (TPE)	伊斯坦堡機場 (IST)	2017/01/29 22:05	2017/01/30 06:00	07:55	77W	L	可訂位(9)
	土耳其航空 TK 1751	伊斯坦堡機場 (IST)	奧斯陸機場 (OSL)	2017/01/30 09:15	2017/01/30 11:20	02:05	321	L	可訂位(9)
○	土耳其航空 TK 25	台灣桃園國際機場 (TPE)	伊斯坦堡機場 (IST)	2017/01/29 22:05	2017/01/30 06:00	07:55	77W	L	可訂位(9)
	土耳其航空 TK 1753	伊斯坦堡機場 (IST)	奧斯陸機場 (OSL)	2017/01/30 14:50	2017/01/30 16:55	02:05	32B	L	可訂位(9)

◎ 回程航班　您選擇的回程日期：2017/10/27　　　◀ 往前一個可訂位日　往後一個可訂位日 ▶

	航班	起飛	抵達	當地出發時間	當地抵達時間	飛行時間	機型	艙等	機位狀況
○	土耳其航空 TK 1752	奧斯陸機場 (OSL)	伊斯坦堡機場 (IST)	2017/10/27 11:15	2017/10/27 16:05	04:50	32B	L	可訂位(9)

Step 4 若是同一天有多個航班，就可以選擇適合自己的出發時間。

電子機票改票作業時間說明：當有必須改票的情況時，請在週一至週五上午9點至下午5點之間完成作業(國定假日除外)，若未依此時間作業，有可能無法順利完成改票，敬請旅客務必配合。(至於是否需要改票及改票費用請另查看該商品更改規定)。

10.本站證全年無休提供線上服務，但逢週六日及公定休假日時，部分票種無法開立。若您預訂之行程之開票期限逢逢休假日期間，請務必提前確認開票，以免航空公司之CRS系統自動取消機位。

11.轉機點有隔夜情況時(指Overnight無法當天轉機)：(1)是否視同停留而需加價及稅金，因各航站規定不一，須另請客服人員代

☐我接受--我已閱讀過完整的購買需知，並接受所有規定事項

◎ 會員登入

●	▶ 會員帳號	[　　　　　　]（即身分證字號，若為外籍人士請填護照號碼）
	▶ 會員密碼	[　　　　　　] 忘記密碼
○	非會員訂購	

下一步訂購

Step 5 確認訂票的相關規定後，就可以進行下一個步驟，填寫乘客資料。

行李準備

出國旅行時，除了必備的衣物要帶齊外，其實有很多東西都可以不必帶，建議根據旅行的天數，決定要帶多少衣物。到了國外也可能會買一些當地的物品，所以除了必備的行李外，可以留一點空間裝戰利品，接下來就說說有哪些物品是出國旅行必備的。

行李箱的選擇

到歐洲旅行，通常不會是短短幾天的行程，大概都會超過十天、甚至是半個月以上，所以對於行李箱的選擇非常重要。如果是短期旅行，可以選擇 24 吋的行李箱，只是裡面就沒辦法放太多的戰利品，要是買的東西一多，還是需要大一點的行李箱才行。

到挪威旅行，建議攜帶 28 吋的行李箱會比較適合，而行李箱的類型，以我的旅行經驗，會盡量選擇 PC 材質的硬殼旅行箱，因為在旅行的路上一定會買很多東西，PC 材質的行李箱比較輕、堅固耐撞擊，才不會讓自己的行李箱變得那麼沉重。

在歐洲的許多地方都是石頭路，有時候拉桿式行李箱沒那麼方便，切記要挑選好一點的滾輪，最好是可以 360 度轉動的滾輪會比較實用。也可以選擇背包客慣用的後背包，或是多準備一個輕便的旅行袋，到了歐洲如果想要去遠一點的地方，就可以將行李寄放在飯店，不必一直帶著那麼大的行李箱到處跑。

必備物品

下面將出國旅行的必備物品區分為文件類、衣物類、電器類、日常用品和常備藥品，讀者可以參考這些分類，再依自己的需求調整。

文件類

護照（效期 6 個月以上）	電子機票
簽證	國際學生證、國際青年證
訂房證明（英文）	國際駕照、線上租車預約證明
外幣、信用卡、旅行支票	申根保險、旅遊平安險投保證明（英文）
證件照	旅遊行程

衣物類

冬季	夏季
長袖衣物、長褲	短袖衣物、短褲、裙子
貼身衣物（內衣、內褲）、襪子	
保暖衣物（外套、毛衣、發熱衣）	泳衣、泳褲
圍巾、手套、帽子	遮陽帽、太陽眼鏡
休閒鞋、拖鞋	
正式服裝（西裝、洋裝、皮鞋、高跟鞋）	

電器類

手機、相機、平板電腦	記憶卡、傳輸線	吹風機、刮鬍刀
轉換插頭、充電器	備用電池、行動電源	手電筒、行李秤

日常用品

盥洗用品	生理用品	衛生紙、（濕）紙巾
眼鏡、隱形眼鏡	保養品、化妝品	乳液、防曬霜
保溫杯	雨具	針線包

常備藥品

簡易救護包（棉棒、紗布、優碘、OK 繃、透氣膠帶等）	感冒藥、胃腸藥、止暈藥、鎮痛解熱劑
個人處方藥物（高血壓、糖尿病等慢性病必備藥品）	痠痛貼布、防蚊液

消費方式

法定貨幣

挪威的法定貨幣為挪威克朗（Norwegian Krone），貨幣符號是 NOK，由挪威銀行發行。流通的紙鈔面額有 1000、500、200、100 和 50 克朗，硬幣有 20、10、5 和 1 克朗。

近幾年因為挪威貨幣政策的關係，所以挪威克朗的幣值比往年還要低，目前（2017 年 7 月）1 挪威克朗與臺幣的匯率約為 1：3.7，故現在前往挪威旅行會便宜一些。

信用卡

在挪威消費除了可以使用挪威克朗，信用卡也是在北歐經常使用的支付方式。現在挪威人都習慣使用信用卡來結賬，很少有人會攜帶現金消費，所以幾乎每家店都有刷卡機，連便利商店都可以使用信用卡消費。

但是在挪威刷卡時必須要輸入密碼來認證，才能完成交易程序，通常密碼就是預借現金的密碼，如果打算在挪威使用臺灣的信用卡消費，出發前記得先向發卡銀行申請預借現金的服務。

或是使用可在國外提領當地貨幣的金融卡，只要你的金融卡上面有 Cirrus 或 Plus 的符號，就可以向發卡銀行申請跨國提款的功能。

匯兌

　　在臺灣沒有可以兌換挪威克朗的銀行，建議大家多利用信用卡、或是具有跨國提款功能的金融卡。雖然使用信用卡在海外消費，或是跨國提領現金，都會被收取手續費，但現在有許多信用卡消費就享有現金回饋，大家可以在挪威機場先提領一些基本花費的現金，之後盡量使用信用卡消費，會是最省錢的方式，也能避免現金遺失。

金融卡和提款機上面有 Cirrus 或 Plus 的符號，代表可以跨國提款

Tips

現在臺灣使用的晶片金融卡會有兩組密碼，一組為 6 位數字的晶片密碼，用於國內的自動櫃員機，另一組為 4 位數字的磁條密碼，用於跨國提款。

氣候

春季

3 月到 5 月是挪威的春季，最低氣溫大約在 -2 ～ -4℃ 之間。這季節是挪威人最開心的時候，因為經過寒冬的洗禮之後，終於漸漸感受到天氣的變化，花朵也開始陸續地綻放；但在氣溫上還是偏低，而且早晚的溫差較大，建議隨身攜帶一件保暖的外套，讓自己不會因為天氣的多變而感冒。

如果是在市區觀光，可以帶上風衣或雨衣，才不會因為多變的天氣而壞了興致，如果要到山區，建議選擇防水的鞋子會比較適當。不要覺得沒什麼陽光而忽略了防曬霜，因為有時候 3 月還是會下雪，透過雪的反射更容易曬傷。

春天的景色

挪威的南部會最早迎來春天，在 4 月中天氣變暖，西部沿岸的平均氣溫最高，而北部要到 5 月底、6 月初才開始真正的春天，日照時間會逐漸變長，天氣越來越溫暖，所以在選擇旅遊服裝時要多加注意。

夏季

6 月到 8 月是挪威的夏季，這時候的天氣最好，也是最熱的時節，日照時間變得甚長，挪威人也因為見到久違的陽光而感到開心，因此在這個季節裡，你會看到滿滿的人潮都在戶外享受陽光的洗禮。

挪威人很喜歡在這個季節到海邊曬曬太陽，或是到公園裡野餐，享受當下太陽所給予的溫暖。在 6 月底到 8 月初，氣溫可以到達 25 ～ 30℃，海水的溫度也會因為氣溫升高而到達 18℃ 左右，挪威人會在此時紛紛下水、享受夏天的清涼感受。

從 5 月底到 7 月底，在挪威的北部可以欣賞到午夜陽光的景觀，在北極圈以北的地方，還能夠體驗日不落的自然奇觀。

夏天的景色

秋季

9 月到 11 月是挪威的秋季，這時候氣溫慢慢降低，是摘果子和蘑菇的季節；在這個季節裡暴風雨的次數也會增多，所以挪威人就喜歡待在室內、享受家庭生活。

秋天的景色

秋天的景色

　　在早秋的時分，因為陸地的散熱速度快於海洋，所以沿海地區的氣溫會較高，在奧斯陸峽灣的沿海地區是平均氣溫最高的地方。這個季節是抓螃蟹的最佳時節，在挪威西部，人們會把抓到的螃蟹煮熟、配上麵包一起食用。秋季也是享用羊肉的時節，這時候來挪威可以嚐嚐燉羊肉。

冬季

　　到 11 月底，挪威就開始有冬天的感覺，正式進入冬季則是在 12 月初。冬季的挪威，山區都會變成雪白一片，不但氣候寒冷、日照時間也短，在北極圈以北的地方，會有整整兩個月的時間完全看不到太陽。

　　10 月、2 月和 3 月是一年之中最適合看極光的時候，但冬季的寒風冷到刺骨，如果要到山區，一定要多穿些衣服、讓自己暖和一些，建議穿羊毛衣物及防水保暖的外套；在下過雪之後，鞋子很容易被浸濕，所以要穿防水的鞋子，不然很容易因為低溫而被凍傷。

冬天的景色

冬天的景色

挪威城市各月分的平均氣溫

城市		奧斯陸		卑爾根		特隆瑟姆	
季節	月分	最高 （℃）	最低 （℃）	最高 （℃）	最低 （℃）	最高 （℃）	最低 （℃）
冬	1	-2	-7	4	0	-2	-6
	2	-1	-7	4	0	-2	-6
春	3	4	-3	6	1	0	-5
	4	9	1	9	3	3	-2
	5	16	6	14	7	8	2
夏	6	20	11	17	10	12	6
	7	22	12	18	12	15	9
	8	20	11	17	12	14	8
秋	9	15	8	14	9	9	4
	10	9	4	11	7	5	1
	11	3	-2	7	3	1	-3
冬	12	0	-6	5	1	-1	-5

節慶

挪威有各式各樣的大小節慶，其中幾個挪威人會特別慶祝的重要節日分別為復活節、國慶日、仲夏節和聖誕節，在這幾個節日家家戶戶都會有不同慶祝的活動。

復活節

復活節（God Påske）是春分月圓後的第一個週日，每一年的復活節日期都不同。幾乎每個西方國家都會慶祝復活節，但對挪威人來說，復活節是一個重要的節日，所以他們會有連續一個禮拜的假期。通常都是從復活節的前一天就開始放假，在復活節時，大家會把象徵新生命的彩蛋、小雞飾品拿出來擺設，家裡的擺飾也會換成黃色，以示迎接復活節的到來。

挪威人非常樂於享受大自然環境的洗禮，很多家族都會有小木屋在某個山上或海邊，他們會利用這一個禮拜的假期到小木屋度假，或是趁著復活節假期到戶外走走。在復活節的健行或是小旅行中，挪威人一定會準備的有巧克力和橘子，在短短的幾天當中，挪威人可以吃掉兩千萬個橘子，因為復活節是在春天，大家從事戶外活動時都會準備橘子以補充維他命，久而久之就變成傳統之一。

而復活節的當天一早，挪威人一定會品嚐、享用雞蛋餐，以象徵新生的開始。接著就是小朋友們最喜歡的時刻了，在復活節時，他們每個人一定是人手一蛋，這個蛋可大可小，在造型雞蛋裡放了各式各樣的巧克力，所以當小朋友們一拿到雞蛋時，都會瘋狂地開心雀躍，因為他們可以一整天都享受著巧克力的滋味。小孩也會在家裡跟大人們一起彩繪雞蛋，大家一起發揮想像力將雞蛋畫上不同的顏色及圖案，是相當有趣的家庭活動。

黃色小雞飾品

復活節巧克力

復活節裝飾

雞蛋早餐

國慶日

　　挪威的國慶日（Nasjonal Dag）其實是憲法日，挪威憲法於西元 1814 年 5 月 17 日在埃茲伏爾簽署，宣告挪威脫離丹麥 400 年的統治。同年的 8 月，挪威因為戰敗被迫與瑞典成立君合聯盟，由瑞典國王兼任挪威國王。起初瑞典國王並不允許所統治的挪威發起憲法日的慶祝活動，認為這是挪威用以表達對瑞典統治不滿的一種抗議行為，而後也因此在西元 1829 年於克里斯蒂安尼亞廣場上爆發騷動，才終於使瑞典國王的態度軟化，允許挪威人民開始慶祝憲法日。

　　第二次世界大戰於挪威憲法日的前九天（1945 年 5 月 8 日）終結，挪威從此脫離納粹的占領。儘管解放日才是挪威正式的國旗日，但這天既不是官方假期，也沒有大肆慶祝，因而賦予憲法日有了新的意義。在國慶日當天，挪威人民都會起個大早，一起參加升旗典禮；之後小孩們會參加學校舉辦的遊行，穿著挪威傳統服飾、舉著國旗在市區遊行，嘴裡喊著「Hip Hip Hurra！」，象徵著人們在國慶日這天都以歡欣鼓舞的心情參與活動。

　　然後在每個社區學校都會舉辦像是園遊會的活動，有小朋友們的小遊戲，大人可以帶著小孩一起參加，或是在旁邊聊天、吃點心；晚上大人們也會有屬於自己的聚會，和朋友們相聚在一起談天、喝酒，挪威人在這一天都享受著屬於他們自己的快樂。

小朋友們開心的揮舞著國旗

學校舉辦的園遊會活動

國慶日遊行

人們齊聚一堂開心的聊天、玩耍

仲夏節

　　仲夏節是夏至來臨時的慶典，在北歐是個重要的節日，因為當地的氣候寒冷，而仲夏節是一年當中白天最長的一日，過了仲夏節，夜晚的時間就開始逐漸變長。

　　每年的 6 月 23 日是挪威的仲夏節，在這一天挪威人會帶著一家大小、在海邊架起一圈又一圈的木柴，成為一個巨大的木塔，在接近夜晚的時分點燃篝火，然後人們就圍著篝火，享受大家齊聚一堂的歡樂氣氛，小朋友們開心的玩耍，感受篝火給予的溫暖。篝火會一直燃燒到半夜，將溫暖傳遞給大家，讓所有的人與自己親愛的家人、朋友、鄰居們，都有個美好的夜晚。

仲夏節的篝火

聖誕節

聖誕節對歐洲人來說就像是他們的過年一樣，在一年的結尾全家人團聚在一起，和樂融融地吃著聖誕大餐，大家互相交換禮物，彼此開心的聊著對未來的想法和希望。

挪威人也很重視聖誕節這個日子，所以在 12 月初各個地方就會開始擺上聖誕裝飾，在市區、商場、家門內外都會有各式各樣的聖誕擺飾，其中有一群聖誕小精靈，他們的名字叫做 Nisse，身穿紅色的衣服，頭上戴著紅色的帽子。

挪威人相信 Nisse 會替大家守護農莊的動物和穀倉，他們的個性比較害羞、孤僻，喜歡自己獨自工作，不喜歡被他人打擾。但是你不用擔心他們的工作能力，Nisse 為農民盡心努力的工作，只要給他們一碗熱呼呼的奶油粥，他們就會開心不已。一直到現在挪威人都相信 Nisse 會在聖誕節的這個月替他們守住想要守護的東西，有些家長也會告訴孩子可以請 Nisse 幫忙守護東西，但是要在 Nisse 耳邊輕聲的告訴他們，這樣 Nisse 才會幫你。

聖誕節之前會有很多不同的市集在各個地區輪番上陣，有專賣聖誕節必需品的，也有屬於小朋友的聖誕手工市集，每個週末都可以參與不同的市集活動。在聖誕節時也會有音樂會，很多人會到表演廳去欣賞聖誕節的節目，當你身在表演廳時會被歌手的聲音給感動，你會覺得聖誕節不再只是一個節日，而是一個重要的日子，一家人必須要相聚在一起。

接下來就是平安夜了，大家拋開一切工作及活動，一起在夜晚吃著聖誕大餐。各個家庭的聖誕餐雖有所不同，但不外乎就是馬鈴薯、羊肉、蔬菜及沙拉，在享用時還會沾上酸酸甜甜的果醬，看起來雖然有些不搭，但卻意外的融合。每個人在餐桌上開心的聊天，一起享用美食，晚餐過後，就是家人們聚在一起吃甜點。

有小朋友的家庭，這時候就會有人裝扮成聖誕老人的樣子，開始發送禮物給大家。小朋友在 7 歲之前還是相信有聖誕老人的存在，但也會存著一絲絲的懷疑，當聖誕老人真的來到了家門前，他們開心地雀躍不已，迫不及待跟著聖誕老人一起拆禮物。對挪威人來說，聖誕節是屬於家庭生活的一個重要節日，而在聖誕節過後，商店會開始有一連串的折扣季，所以到挪威旅遊也不要錯過這個難得的節日。

聖誕精靈 Nisse

聖誕大餐

聖誕裝飾

聖誕市集

挪威的節日慶典

日期	節慶	註
1 月 1 日	元旦	
1 月 21 日	特隆瑟姆太陽日	
3 月	奧斯陸滑雪節	3 月第一個週六
	濯足節	耶穌受難日前一天
	耶穌受難日	復活節前一個週五
	復活節	春分月圓後第一個週日
5 月 1 日	國際勞動節	
5 月 8 日	解放日	1945 年脫離納粹占領
5 月 17 日	憲法日、國慶日	1814 年簽署憲法
	耶穌升天日	復活節後第 40 天
	五旬節、聖靈降臨日	復活節後第 50 天
6 月 7 日	聯合解體日	1905 年瑞典 - 挪威聯盟解體
6 月 23 日	仲夏節	
12 月 25 日	聖誕節	
12 月 26 日	節禮日	聖誕節翌日

PART 2

挪威小錦囊

住宿

在挪威的住宿和其他歐洲國家大同小異，只是挪威的物價高，所以相對會覺得住宿花費貴，可以多利用訂房網站的優惠，或是多比較不同類型的訂房網站。如果不侷限住在飯店，有時候便宜的價格也能享受到飯店式的服務，接下來就介紹幾種不同的住宿類型，以及如何利用訂房網站。

住宿類型

以下我將住宿的類型大致分為飯店、公寓、背包客及民宿、小木屋等一一介紹，讓大家在前往挪威旅遊時，可以依自己的需求找到喜歡的住宿地點。

飯店

挪威有許多飯店都是歷史悠久或連鎖經營的，所以品質都在一定的水準之上，當你在選擇飯店時只要確認地點和安全性是否符合你的要求。但有一件事情需要注意，在歐洲的飯店裡，房間內的食物或是冰箱內的飲品，通常都是要額外付費的，如果你不是特別的餓、或是真的很渴，建議你到便利商店去購買，否則在飯店內的價格都是兩倍以上。

公寓

我推薦飯店式的公寓，因為在挪威如果在外用餐，價格大約都是 1,000 元臺幣起跳，連當地人也很少在外用餐，除非是夏季和朋友在戶外享受陽光、順便在外用餐，不然挪威人幾乎都在家裡吃飯，飯店式的公寓也因為如此越來越盛行。

在飯店式的公寓裡，除了有服務櫃檯幫忙訂房和退房之外，在房間內還會有小廚房，讓旅客可以自己煮些東西，在旅行中省下在外用餐的花費。超市與餐廳相比，價格相對便宜，省下在外吃一餐的錢，可以買好幾天的食材。

背包客

經常自己一個人旅行的人都知道，有時候為了省錢會投宿背包客旅店，在那裡除了可以遇到來自各地的旅人，有時候還能因此認識志同道合的旅伴，一起結伴同行。會投宿背包客旅店的通常都是年輕人，房間會區分男生、女生，也有男女混合的房間，價格會比較便宜。

但是和來自各地的人住在一起，又是開放的空間，難免會有一些風險存在，要多注意自己的隨身物品，才不會被其他進出的人順手拿走。當你要外出，或是洗澡、上廁所的時候，最好將貴重物品鎖在置物櫃中或是隨身攜帶，因為就算把它們鎖在行李箱中，有時候連整個行李箱都會不翼而飛。

沙發衝浪

Couchsurfing 直譯為沙發衝浪，是當地人免費提供自己家中的沙發，讓正在旅行中的背包客可以在別人家中借住一晚。這個方法看似可以認識新朋友，又能省下一筆住宿費，但是它的風險其實很大，因為你不知道對方是否行為端正？也不知道對方品行如何？有許多人因此而結識了當地的朋友，但是也有不少人因為住進陌生人的家中而受到侵犯。

沙發衝浪網站提供了一個空間，讓人藉由分享自己的沙發認識各地的旅人，可以彼此交換所見所聞，進而幫助旅行者與當地人建立文化交流。打算利用這個網站省下住宿費用的讀者，建議你先看過其他沙發客的留言和評語，也可以看看沙發主人在網站上的活動時間長短，根據以上幾點來過濾一些不適合的陌生人，防人之心不可無，自己一定要多加小心。

沙發衝浪網站
◎https://www.couchsurfing.com/

民宿

挪威的民宿有點像是屋主將自己的房屋分租出去，所以不一定是單獨住宿，也可能會和民宿主人同住。選擇民宿可以貼近挪威人的日常生活，體驗不同的旅行樂趣，有時候民宿主人還會熱心地向你介紹當地美景。

如果想要深入挪威當地的生活，建議讀者可以選擇民宿，利用 Airbnb 或是挪威當地著名的 FINN no 網站搜尋，都有很多民宿的相關資訊，等著你去體驗感受。

小木屋

小木屋通常都比較接近自然景觀，住在小木屋裡會是一個不錯的體驗，像是位於峽灣附近的小木屋，就是我非常推薦的。雖然小木屋裡的裝潢不像飯店般舒適，但卻真實呈現挪威早期的木屋樣貌，而且打開窗戶就能看到美麗的風景，體驗峽灣的壯闊。

住宿選擇

選擇住宿的地點時，通常都是以便利性和安全性為主要的考量重點，畢竟出門在外還是安全最為重要，其次就是住宿地點周遭的生活機能，住的位置太偏僻，在治安上相對容易出現漏洞，安全性和便利性都會降低；住在市中心，有時候容易變成小偷下手的目標，建議選擇較多人走動、但不會過於吵雜的地區。

當我去旅行時，會依主要的行程景點選定住宿的區域，盡量選擇住在交通方便的地方，像是火車站、地鐵站或巴士站的附近。但是距離火車站太近，有時候因為車站進出的人潮較多，經常會有小偷或扒手在附近聚集出沒，有安全上的疑慮，除非必要，寧願多花上幾分鐘，不要住在火車站旁。

住宿安排

訂房網站是自助旅行的好幫手，可以幫大家以省時、省錢的方式完成住宿安排，但是各式的訂房網站林立，有時難免也會衍生一些問題，建議選擇在臺灣有客服中心可以提供服務，或是在國外可以及時幫你處理問題的訂房網站。再來就是選定理想的住宿地點後，可以多比較幾個訂房網站的價格，有時候各個訂房網站會推出不同的優惠活動，善加利用就能多省下一些費用，接著介紹我自己使用過的幾個訂房網站給大家。

Hotels.com

Hotels.com 在臺灣經營了較長的時間，網站上的飯店都是經過篩選的，所以在品質上也比較有保障，訂房時的操作簡單，如果在預訂上有問題，也可以向客服請教，但是在訂房時要確定自己的住宿日期，有些飯店預訂後就不能改期，也不可以取消退款，在訂房前一定要先確認清楚，接下來介紹操作方式。

Step 1 以奧斯陸為例，首先在搜尋飯店的欄位填入要前往的城市，再依序填上入住和退房的日期，以及同行人數和訂房數目，然後按下顯示優惠，就會出現許多飯店供你挑選。

Step 2 可以自設定價位，或是鎖定地區及評等來縮小搜尋範圍，找出自己心儀的飯店後，按下選擇客房。

Step 3 選擇自己喜歡的房型並確認客房資訊後，按下訂房。

Step 4 選擇付款方式，可以在網站上一次付清，或是先預繳訂金到當地再付費。

Step 5 付款時還要加上稅金和服務費，先看清楚總價後，再填寫住房者的姓名，務必要使用與護照相同的英文譯名，到飯店辦理入住核對資料時才不會有爭議。

付款詳細資料　　　　　　　　　　　　🔒 您的訂房安全可靠

動作快！這是奧斯陸智能酒店最便宜的客房，現在就訂！

姓氏 請輸入英文字母

名字 請輸入英文字母

信用卡種類

信用卡種類　▾

信用卡號

信用卡安全碼

有效日期

月　▾　　年　▾

Step 6 輸入信用卡號碼與電子郵件地址，最後按下訂房就完成了。之後網站會傳一封電子郵件給你，通知你訂房成功及訂房號碼，在入住前幾天也會提醒你預訂的住宿時間快到了。

Booking.com

Booking.com 除了可以預訂飯店之外，網站上也有一些民宿及公寓的資訊，住民宿或公寓可以自己煮飯、省下一些旅費，也是不錯的選擇，建議依自己的需求挑選適合的住宿，接下來介紹訂房方式。

Step 1 填上目的地和入住、退房日期，選擇住宿類型（以公寓為例），按下搜索。

公寓類型	最多人數	今日價格	相關條款	選擇公寓	預訂客房
▶ 一室公寓 1 張雙人床 🛏 和 1 張沙發床 🛋 洗衣機 查看更多 房價為每間公寓的價格 包括在公寓房價中:10%增值稅 公寓房價不含:每次入住 NOK 200.00 清潔費。	👤👤👤	入住 1 晚、3 人總價 TWD 3,840	• 2016 年 11 月 ❓ 13 日前可免費取消 • 入住時付款 – 無需訂金	0 ⬍ 最後機會!本站僅剩 1 間客房!	現在就預訂 無需註冊
▶ 一室公寓 房況緊張! 剛剛預訂過! 1 張雙人床 🛏 和 1 張沙發床 🛋 洗衣機 查看更多 房價為每間公寓的價格 包括在公寓房價中:10%增值稅 公寓房價不含:每次入住 NOK 200.00 清潔費。	👤👤👤	入住 1 晚、3 人總價 TWD 3,840	• 2016 年 11 月 ❓ 13 日前可免費取消 • 入住時付款 – 無需訂金	0 ⬍ 最後機會!房況緊張——僅剩 1 間房!	
▶ 豪華公寓 —— 比卑爾根多數房間大 1 張雙人床 🛏 和 1 張沙發床 🛋 📐 33 平方米 洗衣機 查看更多 現有最大公寓 房價為每間公寓的價格 包括在公寓房價中:10%增值稅 公寓房價不含:每次入住 NOK 200.00 清潔費。	👤👤👤👤	入住 1 晚、4 人總價 TWD 5,759	• 2016 年 11 月 ❓ 13 日前可免費取消 • 入住時付款 – 無需訂金	0 ⬍ 最後機會!本站僅剩 1 間客房!	

Step 2 挑選自己喜歡的公寓,查看設施並確認可入住人數及價格,如果符合需求就可以預訂。

旅行目的:
○ 商務　○ 休閒

快好了!只要在標有*的欄位填入資訊

稱謂	姓氏 (英文) *	名字 (英文)
▾	例:Chang	例:Hsiao Chuan

電子郵箱地址 *

小心,別打錯了!　　　　　　確認郵件將發送至該郵箱

確認電郵地址 *

設置帳號密碼

設置密碼,管理您的訂單

公寓:一室公寓
免費取消 在2016年11月13日前 最後一間! ℹ️
您可免費自行取消或更改預訂–輕鬆又簡單!開啟預訂確認函,即可點選連結進入訂單頁面

住客人數: 3 ▾ 🚫　　　　　　　　　　　　　　TWD 3,840 (1晚)

Step 3 輸入住客資料後無須付款,到入住當天再結帳即可,按下繼續就完成預訂囉!

Airbnb

　　Airbnb 是讓房東刊登自己的民宿、提供短期房屋出租的網站,在挑選上還是要盡量參考其他住客給予的評價,再思考是不是適合自己此次的旅行。有時候房東會整棟出租,所以兩個人或四個人的價格是相同的,在預訂前可以先確認一下。我在挪威旅遊時也利用這個訂房網站找到一些不錯又便宜的民宿,接下來就介紹如何使用這個網站訂房。

Step 1 在首頁填上旅行的地點、時間及同行人數,填完後按下搜尋就會出現可供選擇的房源。

Step 2 選擇自己喜歡的房屋,點選圖片可查看詳細的資訊。

Step 3 確認條件和價格是否符合自己的需求再提出預訂申請。

1. 關於您的旅程

誰會前來?

| 2位房客 |

☐ 攜帶寵物?

和房東打聲招呼,告訴他們您為什麼來到這裡:

探訪親友? 還是旅遊? 回答這個問題能夠幫助您的房東為您的到來做準備。

Mari-Anne的《房屋守則》

禁止吸煙 ✓

不允許舉辦聚會和活動 ✓

房東: Mari-Anne

Sommerferie med sjøen som nærmeste nabo

整套房子/公寓 · 1則評價
Karlsvikveien, Tønsberg, Vestfold 3150, 挪威

入住　　　　　　退房
2016年11月17日　2016年11月25日

$3538 x 8晚 ❷	$28303
清潔費 ❷	$1952
服務費 ❷	$3448
優惠券	-$813

Step 4 再次確認入住的日期和天數是否正確,以信用卡付款就完成了。

當地飲食

挪威的飲食習慣和臺灣有很大的差別，像是我們喜歡吃白麵包搭配其他食材，但在挪威白麵包卻很少見，或許是因為歐洲的食物調理方式跟亞洲有很大的不同。挪威人喜歡吃黑麵包，他們認為這才是最有營養的麵包，裡面含有很多的穀物，對身體很好。

挪威的便利商店和臺灣有些相似，在路上常看到的 7-Eleven 或 Narvesen 講求方便性，價位通常偏高，如果是在旅行期間想要自己下廚、或是買一些當地特有的食品，建議大家到超級市場去買會比較便宜。在眾多的超級市場當中價位也不盡相同，現在因為外來移民增加，還出現了許多不同的生鮮超市，像是亞洲超市、中東超市等，下面會介紹在挪威常見的便利商店和超級市場。

傳統食物

北歐的食材跟歐洲的其他地方有一些不同，挪威三面靠海，漁產非常豐富，也非常新鮮，因此挪威人的食物中有許多高營養價值的魚類。挪威的物價高，當地人一般都會在家下廚，很少外出用餐，來到挪威旅行，建議你也自己動手做料理，可以省下不少旅費。接下來介紹一些到挪威一定要吃的食物，以及挪威的傳統美食。

魚子醬

雖然在很多地方都可以吃到魚子醬，但在挪威你可以用很便宜的價格買到魚子醬，只要花 30 克朗（約臺幣 110 元）就可以有一罐新鮮的魚子醬。挪威人經常用魚子醬搭配起司一起享用，或是將魚子醬抹在麵包上食用。

魚子醬

鮭魚

在挪威的超市裡，只要花 38 克朗（約臺幣 140 元）就可以買到新鮮的冷凍鮭魚，加些香料再放到烤箱裡，就是好吃的烤鮭魚；也有販賣新鮮的鮭魚生魚片，一份只要 96 克朗（約臺幣 360 元），來到挪威絕對不要錯過。

新鮮的冷凍鮭魚

鮭魚生魚片

鱈魚

鱈魚

挪威有許多營養成分豐富的魚類，鱈魚也是其中的一種，除了食用新鮮的鱈魚，挪威人還會將鱈魚曬成魚乾、或是製成魚油。在挪威，新鮮鱈魚最常見的烹調方式是水煮或煎烤，簡單就能品嚐鱈魚的甜美滋味，讓你想要一吃再吃。超市的冷凍鱈魚價格約 38 克朗（臺幣 140 元左右），一般餐廳也都可以吃到新鮮的鱈魚。

鯖魚

在臺灣有許多從挪威進口的鯖魚，來到挪威更是絕對不能錯過。鯖魚可以製成各類加工食品，挪威人最常吃的是蕃茄鯖魚罐頭，一個鯖魚罐頭只要 14 克朗（約臺幣 50 元），可以夾入麵包一起食用，是旅行時最佳的早、午餐選擇。

鯖魚罐頭

麋鹿肉

在挪威，只有打獵的季節才有機會嚐到麋鹿肉，大約是在春天的時節，可以在靠近北部的地方嚐到新鮮的麋鹿肉。麋鹿肉吃起來的口感比牛肉還要軟嫩，在北歐是一道非常普遍的食物，在臺灣卻很難嚐到。挪威人還會把麋鹿肉做成漢堡，非常的獨特，建議大家來到挪威一定要試試。

麋鹿肉漢堡

奶油粥

利用米和酸奶油製成的奶油粥（Risgrøt），裡面還加了奶油、肉桂粉和糖，通常是在特殊節日、或是跳蚤市場裡也會販賣，是挪威人的傳統甜點，因為添加了奶油和糖，味道比較甜膩，大家可以試試與亞洲截然不同的甜點滋味。

奶油粥

Solo 汽水

在挪威非常受到大家喜愛的 Solo 汽水，喝起來有點像橘子汽水，在一般的超市及餐廳都有販售，一瓶的價格是 18 克朗（約臺幣 70 元）。挪威人對他們自己的汽水品牌非常自豪，常有挪威人說 Solo 汽水比可口可樂還要好喝！

超級市場

挪威的超級市場有幾種不同的類型，有些是商品價格低，但不講究空間設計，沒有特別的陳列擺設，商品種類也不夠多樣化；有些雖然選擇性高，有各式各樣的商品，但相對的價格也比低價超市要高出 5 ～ 20 克朗。以下介紹不同類型的超市讓大家自行選擇。

Rema 1000

Rema 1000 是挪威的連鎖品牌，屬於價位便宜的超級市場，因為是以低價取勝，整個空間就像是個貨倉，大大的貨架上有不同的商品，基本上魚油膠囊和新鮮蔬果的價格都較低，可以前往採購。

Kiwi

Kiwi 在城市裡出現的機率較高，也是屬於低價位的超級市場，幾乎想要的商品都可以在這裡找到，生鮮商品比較便宜，鮭魚生魚片和魚卵的價格是最便宜的，如果想吃煎烤的鮭魚或鱈魚，這裡可以選擇的種類也很多。

Coop

Coop 集團旗下有許多不同類型的超級市場，像是 Coop Mega、Coop Extra、Coop Prix，這些都是屬於中價位的超市，可以申辦會員卡來累積消費點數、兌換現金回饋，但是對觀光客而言會員卡並沒有太大的好處，不是會員也可以前往消費。Coop Mega 設有熟食櫃檯，如果想吃熱騰騰的食物又不方便自己下廚，也可以到這裡購買。

Meny

Meny 是這些超級市場中價位最高的，設有生鮮及熟食櫃檯，有專業的工作人員和廚師幫你處理肉類和魚，提供高品質的服務，所以商品的價格也比其他超市要貴上一、兩成。起司的種類很多，如果想要品嘗不同的起司可以來這裡挖寶；通常會有即期商品的特賣，每天的品項不同，不妨前往碰碰運氣，或許可以讓自己省下一點錢。

便利商店

　　挪威的便利商店沒有臺灣的便利，只有賣一些零食及簡單的熱食，在夏天還會有霜淇淋；通常都是小小的店面，有時候還只是路邊的小亭子，讓有急需的人多了一些便利性，以下介紹在挪威常見的便利商店。

7-Eleven

　　千萬不要認為挪威的 7-Eleven 會和臺灣或是日本的一樣，挪威的 7-Eleven 通常位在市區，只有販售一些日常生活用品及熟食、咖啡等，商品的價格都比較貴，如果是臨時急需，可以在此購買食物或水。

Narvesen

　　Narvesen 是挪威品牌的連鎖便利商店，在市區出現的頻率比 7-Eleven 還要高，在各個城市的街道角落都可以發現它的存在，有時候在其他的歐洲國家也會見到。Narvesen 販售的商品跟其他的便利商店差不多，可以在此購買電信預付卡。

旅行規劃

　　前往挪威之前，先想好要以什麼樣的方式去旅行，是深度的歷史人文之旅？還是跳點式的觀光旅遊？打算從哪裡開始行程？如何在各個景點之間移動？這些都需要事先規劃，才不會因為一個小環節而壞了旅遊的興致。在這裡整理出一些到挪威旅行時需要注意的事項，並告訴你如何透過 4 W（Why、W hen、W here、How）來規劃旅遊行程，這樣就不會錯過任合一個重要事項。

Why?

　　你為何來挪威？是計畫歐洲之旅時順道遊挪威，或是想深入探訪挪威，如果是前者，那就一定要去最著名的景點，像是奧斯陸、卑爾根等幾個大城市。旅行的天數多寡也會影響行程的規劃，先決定好旅遊的方式，才能讓自己的旅程更加分。

When?

你打算何時來挪威？是希望能夠看到極光，還是只想要欣賞美麗的峽灣，這些都需要事先考量。如果想看極光，建議在每年的 10 ～ 2 月前往挪威，北部的特隆瑟姆在此時正值冬天，進入晝短夜長的階段，是欣賞極光的最佳時節；如果要看壯麗的峽灣，建議在春天或夏天的時節前往，這段時間的氣侯宜人，最適合去旅遊、欣賞大自然的風景。

Where?

你想從哪一個地區開始挪威之旅？是首都奧斯陸，還是西部的卑爾根，抑或是北方的特隆瑟姆，我會建議你從機票最便宜的城市開始，奧斯陸是首選的主要城市，在旅遊淡季，從臺灣飛往奧斯陸的機票有時含稅也只要兩萬多，可以將省下來的機票費用作為在挪威旅行的基金。

How?

你要怎麼遊走挪威？是自己開車慢活旅遊，還是利用大眾運輸玩轉各地。如果打算租車，必須注意當地的交通法規，冬天行駛在結冰的路面要放慢車速、避免打滑；搭乘大眾交通工具容易受限於車程時間，有時候鐵路維修、火車甚至還會暫停行駛，一定要事先做好規劃，掌握時刻表和搭乘地點，才不會錯過班次而耽誤行程。

把握以上的要點和訣竅，留意每一個細節，相信你就能規劃出專屬於自己的完美行程，也能在旅行中盡情享受挪威的美景與各種面貌的北歐風情。

 Info

visitnorway

網址：https://www.visitnorway.com/?lang=usa

PART 3

前往挪威

1 出境 **2** 過境 **3** 入境

出境

從臺灣到挪威沒有直航的班機,通常是經由鄰近的亞洲城市轉機,主要是在香港、首爾、曼谷及東京,現在也有在北京轉機的航班,但是國人必須持有臺胞證才能到中國轉機;有時候會需要轉機兩次,先在亞洲轉機飛往歐洲,然後再轉機到挪威,可以選擇加價在歐洲的轉機點也順便停留幾天。接下來就準備前往機場、出發到挪威嘍!

機場報到

目前桃園機場有兩個航廈,在電子機票上面會顯示所搭乘的航班,以及要到哪一個航廈辦理報到手續,前往機場前可以把自己的電子機票拿出來確認一下。我將幾個有航班飛往挪威的航空公司、及報到櫃檯所在的航廈整理如下。

第一航廈	第二航廈
中華航空	長榮航空
國泰航空	中國南方航空
阿聯酋航空	中國東方航空
泰國航空	荷蘭皇家航空
	土耳其航空

到了機場之後，可以在出境大廳的螢幕上查看航空公司的報到櫃檯號碼，把自己的護照交給櫃檯的地勤人員（有時候可能需要出示電子機票）就可以辦理登機證，往挪威的航班至少會有兩個航段，在不同的航段要使用個別的登機證。

行李託運

在辦理登機證的同時可以將大件行李託運，請告訴地勤人員把行李直掛到目的地，地勤人員會在你的行李箱貼上行李條，務必再次確認行李條上的目的地是正確的。危險物品如打火機、電池、行動電源、易燃液體等不可放置在行李箱中，必須要看著自己的行李通過 X 光檢查後，才能離開報到櫃檯。

各航空公司提供免費託運行李的額度不同，例如中東的航空公司通常提供經濟艙 30 公斤的免費託運行李，其他的航空公司一般都是 20 公斤；商務艙的免費託運行李則是 30 公斤以上，要注意自己的行李重量是否超過限額，不然可能會被收取昂貴的超重費用。

安全檢查

完成報到手續後，接著至出境登機入口接受安全檢查，在通過金屬偵測門時必須要把身上的金屬物品（包括皮帶）取下；把筆電、平板電腦等電子用品從隨身行李中取出、通過 X 光檢查；隨身行李所攜帶的液體、膠狀及噴霧類物品體積不可以超過 100 毫升，而且要裝在密封的透明塑膠袋中以方便檢查；如果有嬰兒的奶粉或是食品、藥物等，應在通過安檢時向檢查人員申報。

證照查驗

通過安全檢查後辦理出境證照查驗，必須出示自己的護照和登機證，如果事先申請了自動查驗通關服務，就可以選擇自助完成快速查驗通關，非常方便，第一次使用的人只要持護照和身分證到出境大廳的移民署櫃檯申辦即可，不必再大排長龍、人擠人了。

登機

　　登機證上通常會有登機時間和登機門的號碼，但有時候可能會因為班機延誤等因素臨時更改登機門，所以還是要隨時注意機場的廣播，或是以電子看板上面的即時登機資訊為準。需要轉機的行程，在出發機場事先拿到的後段登機證上面若沒有登機門的資訊也不必太過於慌張，到轉機點下飛機後再向櫃檯的工作人員詢問即可。

過境

　　如果在轉機的時候會於歐盟地區過境停留，那麼請準備好以下幾項文件，通過海關時就可以輕鬆過關。

登機證

　　在歐盟國家過境轉機到挪威時請出示護照和後段登機證，讓海關人員知道你不會留在當地，而是要轉機到其他的國家，這樣通常就不會被刁難。

L339 歐盟公報

　　從 2011 年開始，歐盟通過予我免申根簽證的待遇，但是有些歐洲國家的海關並不清楚這項規定，往往會質疑國人應該要持有申根簽證，在前往挪威或其他歐洲國家旅行前，可先在外交部網站的下載專區列印第 339 號歐盟公報（英文）作為證明文件，讓自己可以順利的進入歐盟國家。

申根保險

　　在前些年持簽證入境申根國家者依規定必須辦理申根保險，這幾年開放免申根簽證後，購買申根保險的人數也減少了，但是在歐洲國家如果生病、住院，醫療費用可是在臺灣的好幾十倍，建議大家到歐洲旅行還是要投保醫療險。

出國旅行都希望快快樂樂出門、平平安安回家，通常保險就是讓自己買個安心，或許有些人覺得自己不會那麼倒楣，但我覺得有時候難免會遇到一些不可預測的事，萬一在國外生病或發生意外，光是醫療費用就比保險費用高出數十倍，千萬不要省小錢、花大錢。

回程機票

　　有時候歐洲的海關擔心自助旅行者長時間逗留在當地，會要求出示回程的電子機票，以確定你不會刻意滯留；或是會稍微詢問一下旅程的安排，確定你真的是來旅遊，建議大家在自助旅行時，也可以把訂房紀錄列印出來作為證明。

入境

挪威屬於申根國家，依據歐盟的規定，國人享有以免簽證方式赴申根區停留 90 天的待遇。國人前往歐洲旅遊，經常會被當地的海關人員問到有關簽證的問題，不要害怕語言不通而感到慌張，或是不知道該如何對答，只要事先將文件準備齊全，海關人員都會以親切的口吻跟你說歡迎，越是害怕、慌張，越讓人覺得你做了什麼壞事，反而容易被留置盤查。

加勒穆恩國際機場

經過海關的洗禮，辦妥入境證照查驗，在護照上蓋了入境章之後，就歡迎大家來到挪威！坐落在首都奧斯陸北邊的加勒穆恩機場（Gardermoen airport，OSL），是挪威最大的國際機場，機場內的免稅商店其實沒有很便宜，還是臺灣的免稅商店比較便宜。

逛完免稅商店之後就到領取行李的地方，只要依所搭乘的航班、在指定的行李轉盤就可以找到自己的行李。行李轉盤上方有螢幕顯示行李是否已經進入輸送帶，建議在行李箱加個顯眼的吊牌，比較容易認出自己的行李箱，不然有時候許多行李箱的顏色都相同，一不小心就會拿到別人的行李。

領完行李、通過海關之後就可以離開管制區域。在入境大廳也有一些商店，可以在此享受美食，但是機場的食物通常價格偏高。循著機場的指標，可以選擇搭乘火車或是巴士前往市區，在經歷了一連串的闖關後，開始享受挪威的美景和新鮮的空氣。

加勒穆恩機場
◎網址：https://avinor.no/en/airport/oslo-airport/

機場到市區

　　要從機場前往奧斯陸市區，利用火車是最便宜、也省時間的最佳選擇。以下介紹幾種從機場到市區的交通方式，讀者可以自行斟酌哪一種方式比較適合自己。

機場快線

　　挪威的機場快線稱為 Flytoget，每 10 分鐘就有一班列車，從機場到奧斯陸市區的中央車站（Oslo S）車程約 22 分鐘，全票價格是 180 克朗。Flytoget 有一個好處，凡是 18 歲以上的旅客搭乘機場快線就必須要購買全票；而 16 歲以下的乘客只要有成人陪同、

機場快線購票及搭乘入口

皆可免費搭乘，所以如果是全家大小一起到挪威旅遊，搭乘機場快線或許是個不錯的選擇。

　　從機場往市區的機場快線最早的班次為 04:50；最晚的班次則是01:10，列車時刻表可以在 Flytoget 的官網上查詢，或是下載 App 查看即時訊息。在領取託運行李的地方就有機場快線的售票機，等待行李的同時也可以順便購票，或是利用手機 App 事先訂票。

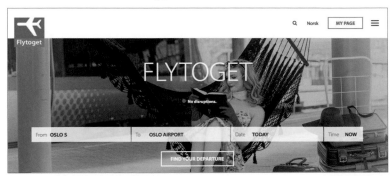

在 Flytoget 的官網首頁可查詢列車時刻

機場快線 Flytoget
◎網址：http://www.flytoget.no/flytoget_eng

火車

從機場到奧斯陸市區的火車不像機場快線那樣班次密集，但車次也還算多，1 小時通常會有 2 班列車。總共有三種列車會從機場前往市區，分別為 L12、R11 和 R10，車程時間為 23 分鐘，時刻表可以在挪威國鐵（NSB）的官網查詢，或是下載 App，機場往市區的火車最早的班次是 05:23；最晚的班次則是 23:43。

搭乘火車前往市區雖然不比機場快線迅速，但車程時間其實沒有相差很多，票價卻只要機場快線的一半，從機場到中央車站的全票是 93 克朗，可以利用售票機或是在櫃檯購票。若是要去其他的城市，搭乘火車也是個好選擇。

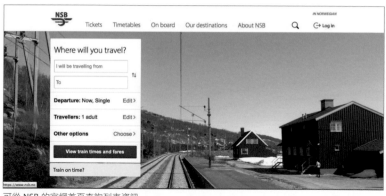

可從 NSB 的官網首頁查詢列車資訊

挪威國鐵 NSB
◎網址：https://www.nsb.no/en/frontpage

購票

在機場的入境大廳會看到寫 / 畫著機場快線、火車、巴士、計程車的指標，循著指標就能走到火車或是巴士的乘車處。機場快線和火車的乘車處在同一個地方，購票諮詢櫃檯就在旁邊，你也可以使用售票機自行購票。售票機可以使用現金或是信用卡購票，在出國前務必和信用卡的發卡銀行確認四位數字的預借現金密碼，以確保自己可以在國外刷卡消費。

Step 1 循著入境大廳的指標就能走到機場快線／火車的乘車處。

Step 2 在入口前方有一排售票機，也可以到櫃檯購票。

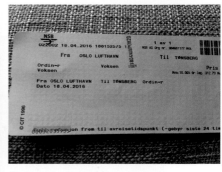

Step 4 車票上面會顯示目的地和乘車日期。

Step 3 在售票櫃檯可以使用英文溝通，請告訴工作人員你要去什麼地方、以信用卡還是現金付款。

在 Flytoget 的售票櫃檯購票需收取手續費 30 克朗，建議自行利用售票機購票。

巴士

從機場到奧斯陸市區的巴士主要有三種，下面分別介紹它們的特色及搭乘方式。

Flybussen

Flybussen 是往返於機場和市區之間的快速巴士，每 20 分鐘就會有一班車，搭乘 FB2 路線可到奧斯陸市區的巴士總站（Oslo Bussterminal），車程約 40 分鐘，全票車資是 160 克朗，如果要再轉乘前往其他地區的巴士可考慮搭乘。

往返機場和市區的快速巴士 Flybussen

Flybussen
◎網址：https://www.flybussen.no/?dir=to

Nor-Way Bussekspress

Nor-Way Bussekspress 是行駛於挪威南部地區的主要巴士，如果要前往奧斯陸以外的城市可以考慮搭乘，但是因為票價偏高，還是建議搭乘火車再轉地鐵會比較划算。從機場前往奧斯陸市區可搭乘 FB2 路線，到巴士總站的車程約 50 分鐘，乘車時向司機購票，全票車資為 180 克朗，事先從 Nor-Way Bussekspress 的官網訂票則只要 150 克朗。

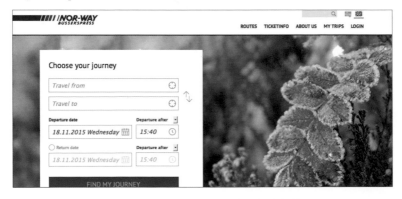

從 Nor-Way Bussekspress 的官網訂票可以享有優惠價格

Nor-Way Bussekspress
◎網址：https://www.nor-way.no/en-US

Nettbus

Nettbus 主要是營運於機場和周邊飯店之間的接送巴士，總共有 4 條路線，每 15 ～ 30 分鐘就會有一班車，行駛時間約 20 分鐘，如果你剛好是住在這些機場周邊的飯店裡，就可以利用 Nettbus 前往。

	路線
S22	OSL - Quality Hotel – Scandic Gardermoen – Thon Hotel Gardermoen – Thon Hotel Oslo Airport
S33	OSL - Gardermoen Perkering - Best Western Hotel Oslo Airport
S44	OSL - Clarion Hotel & Congress - Comfort Hotel RunWay
S55	OSL - Gardermoen Airport Hotel -Scandic Hotel Oslo Airport

Nettbus 的全票價格為 70 克朗，16 歲以下的乘客由成人陪同可免費搭乘，車資雖然便宜，但對於不住在這些飯店的旅客而言，可能並不是方便的選擇。車票可在上車時購買，或是飯店櫃檯、巴士站的售票機也可購票；最早的班次從凌晨 4 點左右就開始行駛，搭乘早班飛機的旅客或許可以考慮利用。

Nettbus
◎網址：http://www.nettbuss.no

飯店接駁車

　　每家飯店的服務不盡相同，有些飯店會提供機場接送，但通常需要預訂，如果打算利用飯店的接送服務，記得在訂房前先詢問清楚，並確認是否需要加價，花點錢可以省去舟車勞頓，適合家庭出遊或是商務旅行的人。

計程車

　　在物價高得嚇人的挪威，計程車的收費也不便宜，通常不建議大家利用。在機場如果要搭乘計程車，先到詢問櫃檯預訂價格會比較划算，然後就依序排隊候車。白天從機場到奧斯陸市區的車資約 700 克朗，夜間和週末搭車還要額外加成 200 克朗，車程約 40 分鐘。

挪威的計程車

自助旅行時，距離近的景點可以步行前往；距離稍遠、步行無法到達的地方就需要搭乘交通工具。到挪威自助旅行，先把交通工具搞清楚，可以讓自己減少許多麻煩，在旅途中玩得更順暢，也更盡興。

使用交通工具移動雖然方便又快速，但挪威的物價驚人，如果能多利用一些優惠套票，就可以讓自己減少一些旅行開銷。以下介紹挪威的各種交通工具、以及購票的方式，讓你第一次操作也能輕鬆上手。

PART 4

挪威交通

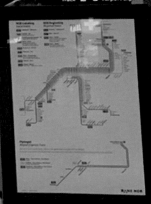

1 挪威國鐵
2 奧斯陸地鐵
3 電車、巴士
4 渡輪
5 計程車
6 飛機
7 租車

Avgang Departures   11:04

FLYTOGET
AIRPORT EXPRESS

OSLO S   OSLO

5   25

Spor   Flytoget
Track **2-3** Airport Express Train

NSB Billetter/Tickets

To Oslo S

93,-

Ticket valid
for next 2,5
hours in Oslo

挪威國鐵

在 Part 3 曾提到搭乘挪威國鐵可以利用官網、或是下載 App 來查詢列車資訊及購票,而且使用 App 購票不必將票券列印出來,直接顯示在手機上即可。有時候還會有早鳥票優惠價(Minipris),價格可能只要原來的一半,建議讀者盡早規劃好行程,確定不會異動的話就可以提早訂票,省下一筆旅費。接下來介紹如何使用車站的售票機、App 或是在官網上購票。

機器購票

使用車站的售票機時可以選擇英文的介面,其實就比看著挪威文要簡單多了,如果還是很怕出錯,請照著以下的步驟操作。

Step 1 先選擇出發點,再選擇目的地。

Step 2 螢幕會顯示提醒畫面,票券只能搭乘 NSB 列車,不能搭乘機場快線。

Step 3 選擇票種及張數,確定後按下 OK。

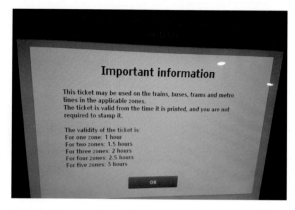

Step 4 這裡有個重要資訊，奧斯陸的交通票價分成
5 個區間，購票後不論票券用於搭乘火車、
巴士、電車或地鐵，只能在限定期間內使用。

票價區間		票券有效時間	
1	1 小時	有效時間是從票券列印出後開始計算。	
2	1.5 小時		
3	2 小時		
4	2.5 小時		
5	3 小時		

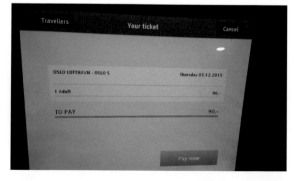

Step 5 確認出發地、目的地、票券張數及票價總額
後按下付款（Pay now）。

Step 6 選擇付款方式，左邊是信用卡；右邊是現金，需要收據請點選下方選項。

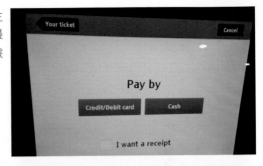

Step 7 依圖示方向插入信用卡，輸入安全密碼完成付款後就可以取得車票囉！

App 購票

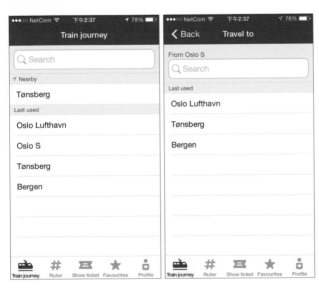

Step 1 和機器購票相同，先選擇出發點，再選擇目的地。

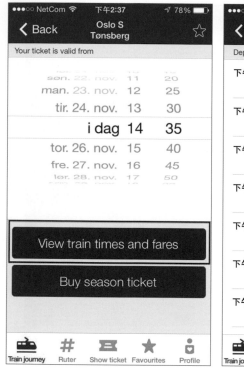

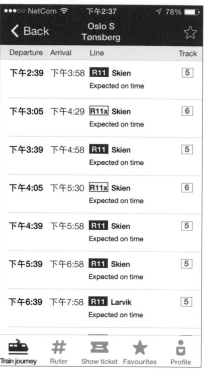

Step 2 然後選擇搭乘的日期和時間，查看班次和車資。

Step 3 確認列車的出發和抵達時間，選擇適合自己的班次。

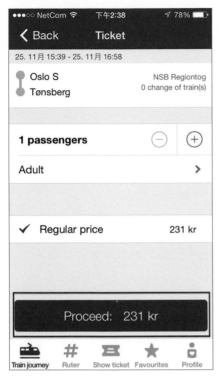

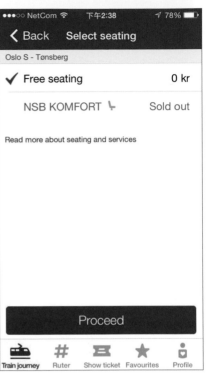

Step 4 再次確認起訖點、搭乘日期和時間,接著輸入購票種類和張數,然後按下購票(Proceed)。

Step 5 選擇座位類型,挪威的火車座位分為指定席和自由座,除非有特殊需求,不然選擇自由座就可以了。

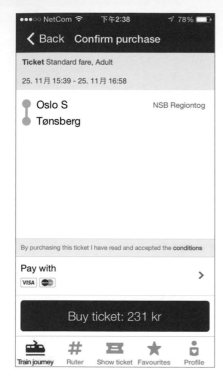

Step 6 選擇以信用卡付款,輸入卡號後會詢問你是否儲存,按下 no 即可繼續。

Step 7 要求你輸入手機號碼之後,會以簡訊傳給你一組認證碼,必須填入認證碼才能完成購票。若是使用臺灣的手機號碼,記得在前面加上國碼 +886。

Step 8 完成購票程序後，系統會以電
子郵件將票券傳給你，乘車時
只要出示手機中的票券即可。

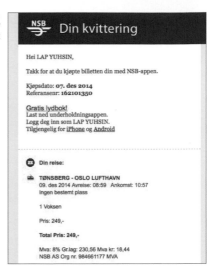

網站購票

　　從 NSB 官網購票的程序和使用 App 只有些微不同，一樣要先確認出發
點、目的地和搭乘日期、時間，接著輸入購票種類和張數，確認票價總額。

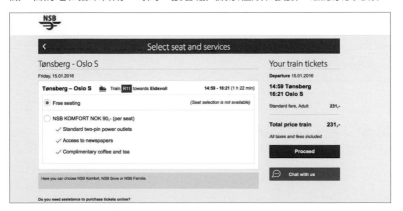

Step 1 網站頁面會有個 NSB KOMFORT 的選項，可以加價選購飲品、
報紙等額外服務。

Logg inn

Ved å logge inn får du

✓ Lagrede personopplysninger
✓ Billett i app
✓ Gratis aviser, lydbøker m.m i NSBs underholdningsapp

E-postadresse

Passord | Vis | Glemt eller mangler passord?

Logg inn og fortsett

————— eller —————

Gå videre uten å logge inn

På neste steg legger du til personopplysninger og kan opprette en profil.

Dine togbilletter

Avreise 27.11.2015

10:24 Oslo S
10:47 Oslo Lufthavn

Ruter enkel p, Voksen | 90,-

Totalpris for tog | **90,-**

Alle skatter og avgifter er inkludert

💬 Chat med oss

Step 2 系統會詢問你是否要加入會員，如果不想加入就按下紅色框線處。

Personal information

Firstname

Surname

E-mail

Your receipt will be sent to this email address, your email address also becomes your username

Mobile phone number | Norwegian mobile numbers only

How do you wish to receive your ticket?

● At the station/ticket machine/app | Information about Tønsberg station

Your train tickets

Departure 15.01.2016

14:59 Tønsberg
16:21 Oslo S

Standard fare, Adult | 231,-

Total price train | **231,-**

All taxes and fees included

💬 Chat with us

Step 3 最後填入個人資料，選擇付款和取票方式後就可以完成訂票。

奧斯陸地鐵

Ruter 是奧斯陸和周邊地區的主要大眾運輸系統，營運的路線範圍分成 4 個區間，當地的火車、地鐵、巴士、電車及渡輪都包含在 Ruter 的售票系統中，只要購買效期為 24 小時以上的通行卡，就可以不限次數的任意搭乘這些交通工具（不包括比格迪半島的渡輪）。

奧斯陸的地鐵稱為 T-bane，共有 5 條路線，地鐵站的標誌是 T，營運時間是從早上 5 點到隔日凌晨 1 點左右。Ruter 的票價是根據搭乘路線穿越的區域多寡計算，奧斯陸的市區幾乎都在 1 區（Zone 1），在市中心的景點觀光旅遊只需購買單區的票券即可。

在各地鐵站的服務處及售票機、或是利用 Ruter 的 App 皆可購票，你可以依自己的旅行天數選擇適合的票券。

票種	票價（挪威克朗）		
	成人	學生	孩童（16 歲以下）
單程	33	33	17
24 小時	90	90	45
7 天	240	240	120
30 天	708	425	354
365 天	7080	—	—

註：4 歲以下孩童免費

只要看到這個標誌表示地鐵站就在附近

Ruter
◎網址：https://ruter.no/en

機器購票

奧斯陸地鐵的售票機

Step 1 切換成英文的操作介面

Step 2 點選「沒有旅行卡」

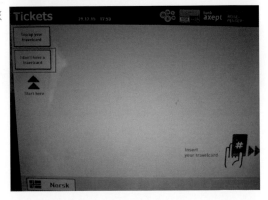

Step 3 選擇票券種類

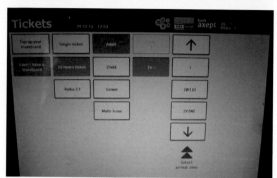

Step 4 票券區間選擇「1」

Step 5 選擇以現金或信用卡付款

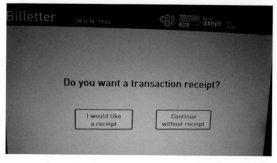

Step 6 最後選擇是否需要收據就完成購票啦！

電車、巴士

奧斯陸的地面大眾運輸有電車和巴士兩種，電車有 6 條路線，所有的電車都會經過中央車站（站名是 Jernbanetorget）；巴士路線涵蓋主要的街區和景點，彌補了地鐵路線的不足。可上網查看路線圖及時刻表，或是利用 App、搭配其他大眾交通工具規劃遊覽路線，讓你的行程更加順暢。

巴士的營運時間和地鐵相似，也是從早上 5 點到隔日凌晨 1 點左右，除了 31 和 37 號巴士是 24 小時行駛；週末有夜間巴士的服務，晚上出門聚餐或是參加派對可善加利用。

Data= 路線圖及時刻表
◎網址：https://ruter.no/en/journey/route-maps/

電車　　　　　　　　　　　　　巴士

 搭乘巴士建議先行購票，乘車時向司機購票要加收 22 克朗（孩童加收 11 克朗）。

渡輪

　　比格迪半島（Bygdøy）上有多座博物館，是個擁有豐富歷史文化的區域。夏季可以在奧斯陸市政廳前的 3 號碼頭搭乘 91 號渡輪前往比格迪半島，在碼頭的售票亭購票，單程票價是 45 克朗，來回票則是 65 克朗；若是在船上購票，單程就要 60 克朗，所以務必要先在碼頭購票。

往比格迪半島的渡輪

DATA
Boat to the museums
◎網址：https://www.visitoslo.com/en/product/?TLp=181623

計程車

奧斯陸地區的計程車

　　挪威的計程車依里程收費，起跳的車資大約是 75 ～ 100 克朗，夜間和週末還要額外加成，收費並不便宜，可以使用現金或信用卡支付。通常會利用電話預約或是到指定的地點搭乘，不同的計程車公司有不同的收費標準，建議在乘車前先詢問清楚。

> **Data**
> Data= 計程車預約電話
> ◎奧斯陸 02202、02323、02365、08000
> ◎卑爾根 07000
> ◎特隆赫姆 07283

飛機

桑德爾福德機場

　　距離奧斯陸市區 118 公里的桑德爾福德機場（Sandefjord Lufthavn，TRF）是一座兼營國內外航線的機場，雖然沒有加勒穆恩機場那麼大，但是有許多廉價航空的班機由此飛往鄰近的歐洲城市，飛往挪威北部其他城市的航線也會從這裡出發，有時候機票價格還比從加勒穆恩機場出發便宜。

　　從奧斯陸開車到桑德爾福德機場約需 1.5 小時，建議先搭乘火車到托爾普（Torp）後，再轉乘每 15 分鐘一班的接駁巴士，巴士車程約 4 分鐘、方便許多。

桑德爾福德機場

Data 威茲航空
◎ 網址：https://wizzair.com/en-GB/main-page#/

廉價航空

　　桑德爾福德機場的航線由廉價航空主導，比價網站有時候會有所遺漏，建議大家直接到廉價航空的官網查詢。通常廉價航空的機位需要提早到兩個月前預訂，越接近搭乘日期，票價的漲幅會越大，不容易買到便宜的機票。

　　廉價航空的餐點、飲料和行李託運都需要另外加價，因為如此才能將機票的價格壓低，建議搭乘廉價航空時可以準備空瓶在候機室裡裝水，或是自己準備食物帶上飛機。以下介紹挪威主要的廉價航空。

威茲航空

威茲航空

　　威茲航空（Wizz Air）是成立於 2003 年的廉價航空，也是匈牙利最大的航空公司，偏重東歐航線的經營，航班多選擇在二級機場起降以減少營運成本。雖然票價比一般的航空公司便宜，但對飛航安全的要求也不馬虎，有時候還會有特別的折扣，如果想要順道前往其他的歐洲國家旅遊，不要錯過趁早搶位的機會。

瑞安航空

　　瑞安航空（Ryan Air）成立於 1985 年，總部設在愛爾蘭，是歐洲最大、最賺錢的廉價航空公司，航線眾多、幾乎遍及整個歐洲。因為是廉價航空，在特定的假期經常都會有些優惠，可以在官網註冊成為會員，以獲得最新資訊和優惠。

瑞安航空

瑞安航空
◎網址：https://www.ryanair.com/us/en/

挪威航空

　　挪威航空快線（Norwegian Air Shuttle）簡稱挪威航空，成立於 1993 年，是北歐第二大的航空公司，在 2016 年全球最佳廉價航空公司排名第三，從 2013 年開始經營長途航線，但主要還是以挪威、丹麥、瑞典及芬蘭境內的航線為主。

挪威航空
◎網址：https://www.norwegian.com/en/

租車

　　雖然可以到了挪威之後在機場租車，但建議出發前先至租車網站預訂，不但節省現場填寫資料的時間，也避免臨時沒車、導致租不到車的窘境。大家可以挑選自己喜歡的車型，但要注意的是一定要有保險，通常租車合約中也會有相關規定，要仔細確認保險的內容，最好是投保全險，萬一發生意外或是出了車禍，保險公司才會全額理賠。

　　在挪威租車，通常一天的租金都在 1,500 ～ 2,000 克朗之間，有時候會有一些優惠的方案，規劃先到瑞典的讀者也可以考慮在瑞典租車、挪威還車，費用會比在挪威租車來的便宜許多，利用不同地區還車的方式也挺方便的。

租車網站

　　到歐洲自駕旅行，Auto Europe 是大家一致推薦的租車網站，這是一個比價網站，能幫你從歐洲的各大租車公司中找出最便宜的價格，還可以選擇在不同的地區還車，接下來就告訴大家如何使用這個網站。

Data

Auto Europe
◎網址：http://www.autoeurope.eu/

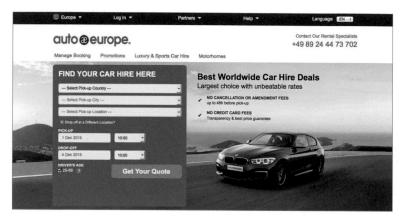

Step 1 選擇國家、城市和取車的地點,並輸入租車、還車的日期和時間,若是要在不同的地區還車,例如在瑞典租車、挪威還車,那就需勾選「Drop off at a Different Location」。

CAR CLASSES	ALL RESULTS	Alamo 3.5/5 SHUTTLE SERVICE	enterprise 4/5 SHUTTLE SERVICE	Europcar 4.5/5 AT AIRPORT	Thrifty 4/5 AT AIRPORT	Budget 3.5/5 AT AIRPORT	AVIS 4/5 AT AIRPORT	Hertz 4/5 AT AIRPORT
MINI	€110	€110	€116	€134	€137	€142	€162	€165
ECONOMY	€111	€111	€117	€134	€137	€146	€167	€165
COMPACT	€102	€102	€120	€149	€152	€150	€182	€185
MIDSIZE	€117	€117	€138	€161	€162	€204	€319	€200
FAMILY SIZE	€139	€139	€163	€405	–	–	€399	€209
LUXURY/SPORTS CAR	€263	€271	€322	–	–	–	€399	€263
SUV/4WD	€233	€257	€322	€376	–	–	€319	€233
MINIVAN/MINIBUS	€290	–	–	–	–	–	€639	€290
7-12 PASSENGER VANS	€639	–	–	–	–	–	€639	–

Step 2 選擇自己喜歡的車型,點選對應的價格。

Step 3 確認租車的條件後按下預訂（Book Now）。

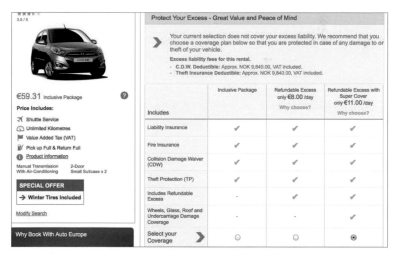

Step 4 選擇保險的項目。

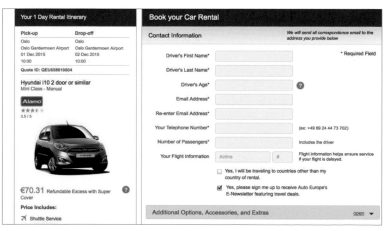

Step 5 填寫個人資料及信用卡號碼就完成囉！

保險

　　租車的時候建議投保全險，讓自己多一些保障，不要為了省一點小錢，萬一真的出了意外，卻要賠償一大筆的金額，以下列出租車的保險項目。

Liability Insurance	責任險
Fire Insurance	火險
Collision Damage Waiver (CDW)	碰撞險
Theft Protection (TP)	防盜險
Wheels, Glass, Roof and Undercarriage Damage Coverage	車輪、玻璃、車頂和底盤的損壞險
Includes Refundable Excess	可退還代墊款項

駕照

　　除了國際駕照，有時候租車公司或警察也會要求檢視臺灣的駕照，所以兩者都必須隨身攜帶。在挪威要年滿 19 歲才能租車，如果未滿 25 歲，每天可能得多付 100 克朗的租車費用。

路權

　　挪威跟臺灣一樣為左駕，在道路上的行車注意事項也差不多，所以在挪威開車不必太過緊張。會車時要讓右側的車先通過；行駛至路口，同為轉彎車，左方車要讓右方車先行；行經圓環，應讓內側的車先行，才能駛進圓環；圓環的內側車道是給左轉車使用；禮讓即將駛離站牌的巴士；禮讓行人、腳踏車、摩托車先行。

法規

　　在挪威駕車需繫上安全帶，如果有乘客沒有繫安全帶，罰金為 600 ～ 7800 克朗；5 歲以下的孩童必須坐在後座；注意行車安全，依各個地區標示的速限行駛，千萬不能酒駕。

Ruter

網址：https://play.google.com/store/apps/details?id=no.ruter.mobile
　　　 https://itunes.apple.com/no/app/ruterreise/id993620197?mt=8
紅色的 App 是購票用，黑色的 App 可以查路線。

PART 5

在挪威
旅行

奧斯陸之旅

比格迪半島

比格迪半島（Bygdøy）位在首都奧斯陸的西側，在維京時代，這裡是奧斯陸峽灣中唯一有人居住的島嶼，因此也被稱為孤島。這座島原屬於熙篤會的修道院，但在 1532 年被官方沒收，一直到了 1885 年，島上都還只有 111 棟房屋。

在 2004 年的印度洋海嘯後，挪威政府在半島西岸設立了紀念碑，追悼災害的受難者。現在這座島上有五間博物館及皇家莊園，挪威國王的夏季行館就設置在此，島上的許多房屋都是高級住宅。

要前往島上可以在阿克爾碼頭（Aker Brygge）搭乘渡輪（只有夏季營運，參考 p.90），或是從中央車站搭乘 30 號巴士到總站。

維京船博物館

維京船博物館（Vikingskipshuset）裡展示著三艘在奧斯陸峽灣出土、超過千年的維京海盜船，其中以高克斯塔號（Gokstad）的保存最為完整；最大的一艘是奧塞貝格號（Oseberg）。在 1903 年被發現的奧塞貝格號是 9 世紀時奧沙女王的墓葬船，同時發現的還有一些飾品和生活用品，為了保存這艘船的完整性，考古學家花了三個月的時間才將它從土裡挖掘出來，然後乾燥、進行重建。在挖掘時還發現了兩個墳墓，分別為 50 多歲和 70 多歲的婦女，雖然學者還不能確定她們的階級，但是從陪葬的物品來看應該是屬於貴族或更高的地位。

科學家想盡辦法尋找與維京古船相仿的木材，例如船身是橡木、而甲板是由薄松木所製成，利用這些木材一片片拼湊重建，將維京船修復成原本的樣貌。在船身順著水線下方有動物圖騰的紋飾，船首頂端的螺旋雕飾代表擁有者的特殊階級。船的左右兩側各有15個槳孔，整艘船除了編制30名槳手之外，還會有船長、氣象觀測員等，掌舵者會站在最前方指引大家。在博物館中還展示了許多不同時期所發掘的維京船，雖然船的大小與奧塞貝格號的規模不同，但都頗具歷史意義，來一趟維京船博物館，保證你收穫滿滿。

船首雕飾

維京船

Data

維京船博物館
◎網址：http://www.khm.uio.no/english/
◎交通：搭乘 30 號巴士於 Vikingskipene 站下車，或搭乘渡輪至 Dronningen 碼頭後，步行 5 ～ 8 分鐘可達。
◎門票：成人 100 克朗，學生 80 克朗，18 歲以下＆持奧斯陸城市卡免費參觀。
◎開放時間：10 ～ 4 月，10:00 ～ 16:00 | 5 ～ 9 月，09:00 ～ 18:00。
◎休館日：12 月 24 ～ 26 日，12 月 31 日～ 1 月 1 日。

Tips

門票的有效時間是 48 小時，通用於維京船博物館（Vikingskipshuset）和歷史博物館（Historisk Museet）。

弗拉姆博物館

弗拉姆博物館（Fram Museet）是以極地探險為主題的博物館，主要是在展示弗拉姆號所開創的探險版圖，當你一走進館內，首先看到的就是一艘巨大的極地船矗立在你眼前，這艘弗拉姆號是挪威第一艘專為極地研究而建造的船，船名 Fram 是前進（forward）的意思。此外館內還展示了許多不同的極地探險船。

挪威有 40% 的國土在北極圈內，所以有很多機會前往北極探險，弗拉姆號曾經為極地探險做出三次卓越貢獻，第一次是 1893 ～ 1896 年，在南森（Fridtjof Nansen）的帶領下橫越北冰洋；第二次是 1898 ～ 1902 年，斯弗德魯普（Otto Sverdrup）從格陵蘭到加拿大進行考察；第三次是 1910 ～ 1912 年，阿蒙森（Roald Amundsen）率領探險隊前往南極。

在每一次的遠征中弗拉姆號的船身都受到不同程度的毀損，在一次次的修復後它又繼續前進探險，而現在這艘有「全世界最堅固的木船」之稱的弗拉姆號，靜靜躺在為它而建造的博物館中展出。站在弗拉姆號的甲板上，每隔 20 分鐘就會有燈光特效，讓你體驗看到極光時的感受；也能看到整艘船的內部構造和機械室，完整地呈現了船艙裡原有的面貌。

Info

弗拉姆號是世界上唯一到過北極和南極、擁有獨特航行經歷的船隻。

Data

弗拉姆博物館
◎網址：http://frammuseum.no/
◎交通：搭乘 30 號巴士在 Bygdøynes 站下車。
◎門票：成人 100 克朗，孩童＆學生 40 克朗，持奧斯陸城市卡免費參觀。
◎開放時間：1 ～ 4 月，10:00 ～ 17:00 | 5 月，10:00 ～ 18:00 | 6 ～ 8 月，09:00 ～ 18:00 | 9 月，10:00 ～ 18:00 | 10 ～ 12 月，10:00 ～ 17:00。

弗拉姆博物館

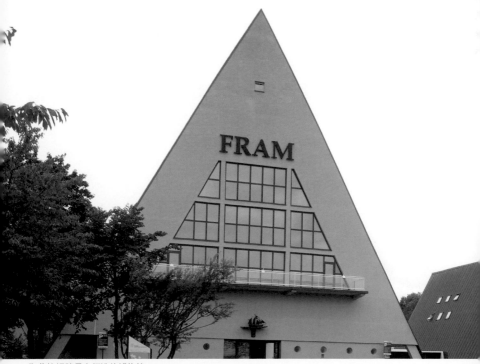

為弗拉姆號量身打造的博物館

康奇基號博物館

　　康奇基號博物館（Kon-Tiki Museet）展出的是著名探險家托爾·海爾達（Thor Heyerdahl）的傳奇故事，為了證明「玻里尼西亞的原住民可能來自南美洲」，他在 1947 年利用輕木打造的木伐——康奇基號，與五個探險夥伴一同以 101 天的時間橫越太平洋，航行了 4,300 浬、從秘魯抵達玻里尼西亞。

　　海爾達將海上漂流的日記寫成書，被翻譯成 60 多種語言出版；航海探險的經歷在 1950 年拍成紀錄片，獲得了第 24 屆奧斯卡最佳紀錄片獎；2012 年他的著作被改編成電影在全球上映，再次入圍 2013 年的奧斯卡及金球獎最佳外語片。

　　海爾達後來還根據古文明的記載建造了草紙船，企圖橫越大西洋，第一艘草紙船（Ra）在航行數周後，因為設計不當及風暴導致船帆裂開，船員們只能棄船、在加勒比群島前幾百哩獲救；第二艘草紙船（RaII）請來玻利維亞的原住民協助建造，成功地由摩洛哥橫越大西洋到西印度群島的巴貝多。

　　1977 年海爾達將探險的地點移到印度洋，目的是要證明美索不達米亞的貿易、移民可能和印度河流域文明有關，也就是現在的巴基斯坦及印度西部。他利用蘆葦建造底格里斯號（Tigris），卻在航行五個多月後將船隻燒毀，作為對戰爭的抗議。

博物館外的雕塑

康奇基號博物館

博物館外的雕塑

DaTa

康奇基博物館
◎網址：http://www.kon-tiki.no/
◎門票：成人 100 克朗，孩童 40 克朗，學生 60 克朗，持奧斯陸城市卡免費參觀。
◎開放時間：11 ～ 2 月，10:00 ～ 16:00 ｜ 3 ～ 5 月，10:00 ～ 17:00 ｜ 6 ～ 8 月，09:30 ～ 18:00 ｜ 9 ～ 10 月，10:00 ～ 17:00。
◎休館日：12 月 24 ～ 25 日、12 月 31 日～ 1 月 1 日，5 月 17 日。

挪威文化歷史博物館

在奧斯陸的博物館中，我最喜歡的就是挪威文化歷史博物館（Norsk Folkemuseum），在這裡可以體驗從前的鄉村生活，感受挪威過去到現在的種種變化。博物館裡有傳統的房屋、古老的商店、教堂和農舍，工作人員也會穿著傳統服飾、製作傳統點心，有點像是社會生活的縮影，稍微介紹其中的幾個特色。

古爾木板教堂

　　原本位於古爾的木板教堂（Gol Stavkirke），歷史可以追朔到 1212 年，在 1880 年時老教堂被新教堂取代，為了保存古老的教堂，挪威古蹟保護協會將其買下，由國王奧斯卡二世出資在比格迪半島重建。老教堂拆除時的中世紀木材只有三分之一被保留，因此重建是以松恩的博爾貢木板教堂（Borgund stavkirke）為範本。

　　在教堂西側和南側的入口有纏繞的龍和植物圖案的雕刻，教堂裡的聖徒彩繪是天主教時期的裝飾，有許多中世紀初期的銘文和雕刻，多數是聖壇上的動物圖像和人類幾何符號。在 1537 年的宗教改革後，天主教時期的藝術就被長廊和講壇取代，路德宗藝術的幾個例子即 1652 年後被保存下來的聖壇繪畫和木雕。

木板教堂

木板教堂的內部

木板教堂的背面

鄉村房屋

　　露天的博物館裡有從挪威各地搬遷至此的鄉村建築，你會看到許多不同類型的舊式房屋，以前的房屋在屋頂上一定會種有草皮，為的是在夏季可以保持涼爽，在冬季又可以將寒冷隔絕在外，非常的特別。

舊式鄉村建築

舊式鄉村建築

舊城樣貌

　　舊城樣貌分成三個不同的主題呈現，一是奧斯陸的城市建築風貌；二是 19 世紀的公寓建築；三是商店的型式。走在不同主題的區域感受也會不同，像是公寓建築包含了 8 個不同時期的室內佈置風格，當你進入不同的公寓就會看到不同年代的挪威；商店的模式也和亞洲國家大不相同，像是合作社與葡萄酒商店，還有一些賣雜貨的小店，就像是在復古電影裡看到的一樣，十分有趣，推薦你一定要到此博物館來體驗一下。

舊城風貌

不同年代的公寓擺設

葡萄酒商店

雑貨商店

Data

挪威文化歷史博物館
◎網址：http://norskfolkemuseum.no/en
◎門票：成人 130 克朗，孩童 40 克朗，6 歲以下 & 持奧斯陸城市卡免費參觀。
◎開放時間：5 月 15 日～9 月 14 日，10:00～18:00 | 9 月 15 日～5 月 14 日，
　11:00～16:00 | 12 月 26～30 日，11:00～15:00。
◎休館日：12 月 24～25 日、12 月 31 日～1 月 1 日。

中央區

　　中央區（Sentrum）是奧斯陸主要的行政中心，中央車站也位在此區，是許多購物商圈和博物館的聚集地，主要街道上充斥著各式商店、酒吧、咖啡館，卡爾·約翰大道不管在白天、或是夜晚都充滿人潮，像國慶日這樣的重要節日，街道上更是擠得水泄不通。

皇宮

　　奧斯陸皇宮（Slottet）是挪威皇室的官方住所，挪威議會在 1821 年首次提出興建皇宮的建議，1823 年由當時的瑞典國王兼挪威國王卡爾·約翰決定興建的地點，於 1824 年開始興建、1825 年舉辦奠基典禮，在 1836 年完成皇宮的外觀後，建築師前往丹麥和德國尋找內部設計的靈感，在 1840 年

皇宮景色

代完成內部房間。卡爾·約翰國王在 1844 年去世，對新的王室而言皇宮顯得太小，於是議會授予美化外觀和擴建兩翼的額外配置，1849 年國王奧斯卡一世在位期間正式啟用。

　　皇宮屬於國家所有，由國家元首支配使用，是國王處理日常事務、召開國務會議、接待外賓、舉辦晚宴的場所。在夏季，皇宮會開放民眾參觀，但是必須跟著導遊一起進入，可以逛逛花園、欣賞皇宮內部美麗的房間。週一～週五 13:30 在皇宮廣場有衛兵換崗儀式，非常具有當地特色，值得一看。

Data
皇宮
◎網址：http://www.kongehuset.no
◎交通：搭乘 13、19 號電車於 Nationaltheatret 站下車。
◎門票：成人 135 克朗，3～12 歲孩童＆學生 105 克朗，3 歲以下免費。
◎開放時間：6 月 24 日～8 月 17 日｜週一～四，11:00～17:00｜週五 11:00～17:00｜週六～日，10:00～17:00。7 月 20 日，13:00～17:00。
◎英文導覽：12:00、14:00、14:20、16:00。

皇宮衛兵

（photo by FenSheng）

冬季皇宮景色

Info

皇宮上空飄揚著紅底金獅的皇家旗幟，代表國王在皇宮裡；如果皇家旗幟上有個三角缺口，代表國王不在皇宮、由王儲代為行使權利；如果沒有旗幟，那就表示連王儲也不在皇宮裡。

奧斯陸市政廳

奧斯陸市政廳（Oslo rådhus）是為了紀念奧斯陸建市 900 週年而興建的，由建築師 Arnstein Arneberg 和 Magnus Poulsson 花了 12 年的時間規劃，於 1931 年開始施工，但工程因二戰爆發而暫停；內部設計由數十位當代藝術家聯手合作，直到 1950 年才完成。

市政廳是由紅磚牆堆砌而成的雙塔建築，入口大廳有 Henrik Sørensen 與 Alf Rolfsen 繪製的一系列壁畫，描述戰爭和占領期間的挪威和奧斯陸，還有城市的商業活動發展及工人運動的興起，君主和城市的守護神哈瓦爾（St. Hallvard）也在其中。

市政廳內有一座鐘琴，共有 49 個鐘，7 ～ 24 時整點敲響，夏天還會有音樂會。在東塔的南面牆上有一個天文鐘，鐘面上有 12 星座，五個指針分別顯示時間、恆星時、太陽方位、月亮方位和日食。市政廳旁有一個小花園，春夏時節可以在這裡散步，享受陽光的氣息。每一年的諾貝爾和平獎也是在奧斯陸市政廳舉行頒獎典禮。

Data
奧斯陸市政廳
◎網址：https://www.oslo.kommune.no/startpage/?lang=en_GB
◎交通：搭乘 12 號電車於 Rådhusplassen 或 Aker Brygge 站下車後步行可達。
◎開放時間：7 ～ 8 月，09:00 ～ 18:00 ｜ 9 月 1 ～ 3 日，09:00 ～ 16:00 ｜ 9 月 15 日～
　11 月 30 日，09:00 ～ 16:00。
◎休館日：1 月 1 日，5 月 1 日，5 月 17 日，12 月 5 ～ 11 日，12 月 25 ～ 26 日。
◎免費導覽：6 ～ 8 月，10:00、12:00、14:00。

市政廳正門

市政廳後側

市政廳旁的花園

諾貝爾和平中心

　　諾貝爾和平中心（Nobels Fredssenter）原為火車站的舊建築，由諾貝爾基金會營運，以高科技的互動裝置展示諾貝爾獎創辦人阿弗雷德・諾貝爾（Alfred Nobel）的生平，以及每一屆諾貝爾和平獎得主的肖像、哲學和事蹟，讓我們深入瞭解他們的思想、對世界和平所付出的心力，喚醒人們對戰爭的關心，重新思考和平的真諦，適時地伸出自己的手、去幫助需要幫助的人，你會發現在這裡不分種族、年紀，所有人都為了世界的和平在努力。

Data= 諾貝爾和平中心
◎網址：http://www.nobelpeacecenter.org/en/
◎交通：搭乘 12 號電車在 Aker Brygge 站下車。
◎門票：成人 100 克朗，學生 65 克朗，16 歲以下 & 持奧斯陸城市卡免費。
◎開放時間：5 ～ 8 月，10:00 ～ 18:00 ｜ 9 ～ 4 月，週二～日，10:00 ～ 18:00。
◎休館日：5 月 17 日，12 月 9 ～ 11 日，12 月 24 ～ 25 日，12 月 31 日～ 1 月 1 日。
◎英文導覽：5 ～ 8 月，每日 14:00 ｜ 9 ～ 4 月，週六～日，14:00。

諾貝爾和平中心

互動展示裝置　　　　　　　　　　　　　　　紀念品商店

奧斯陸大教堂

　　奧斯陸大教堂（Oslo Domkirken）的歷史可以追溯至 1697 年，其高聳的塔尖是奧斯陸的城市地標，教堂的建築在 19、20 世紀歷經多次整修，從內部的巴洛克風格木雕和新哥德式的尖塔可以看出當時的藝術之美。

　　青銅塔尖建於 1850 年，入口的青銅大門則是 1938 年由雕刻家 Dagfin Werenskiold 所設計，教堂內的彩繪玻璃是 Emanual Vigeland 的作品，祭壇後方的裝飾是 Michael Rasch 於 1748 年以《最後的晚餐》為靈感所做，1936 ～ 1950 年 間 由 Hugo Louis

奧斯陸大教堂是城市地標

Mohrs 所繪製的巨幅拱頂壁畫描述舊約和新約的故事，還有一座德國製的管風琴，由 6000 根音管組成。

　　奧斯陸大教堂是挪威的第三大教堂，被稱為「救世主的教堂」，國教路德宗便是以此教堂為中心。教堂後方有挪威國王克里斯蒂安四世的雕像，奧斯陸能有今日的規模便是由他打下的基礎。夏天到奧斯陸還可以參加教堂的管風琴音樂會。

Data
奧斯陸大教堂
◎網　址：https://kirken.no/nb-NO/fellesrad/kirkeneioslo/menigheter/oslo-domkirken/Aktuelt/welcome-to-/
◎開放時間：週六～四，10:00 ～ 16:00 ｜ 週五 16:00 ～週六 06:00

奧斯陸大教堂的巴洛克式建築

奧斯陸歌劇院

　　奧斯陸歌劇院（Operahuset）的建造歷時五年，於 2008 年竣工啟用，提供歌劇、芭蕾舞和音樂廳三種表演場地。參考同樣位在海濱的雪梨歌劇院，以開放空間為設計的理念主軸，被評選為該年度世界最佳文化類建築，獲得 2009 年歐盟當代建築密斯凡德羅獎、2010 年國際建築獎最佳全球設計。

　　這是第一座可以在屋頂上漫步的歌劇院，從奧斯陸峽灣突出的斜坡屋頂覆蓋白色的花崗岩，外觀猶如一座冰山，與地平面連貫形成一個寬闊的廣場，民眾可以在此飽覽奧斯陸的城市風光。這也是一座善用太陽能的環保建築，以大面玻璃打造的建築外牆，讓人在室內也能感受到陽光的溫暖。

　　內部空間的橡木牆面及穿孔牆板都是相當獨特的藝術裝飾，戶外也有一個矗立在海面上的藝術品，在冬季看起來就像是座孤獨的小冰山。

奧斯陸歌劇院

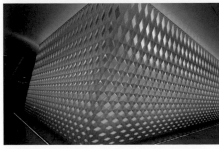

穿孔牆板

橡木牆面

海面上的藝術品

斜坡屋頂也是公眾廣場

Data
奧斯陸歌劇院
◎網址：http://operaen.no/en/
◎交通：搭乘電車至 Jernbanetorget
　站下車。

阿克斯胡斯城堡

　　坐落在市政廳旁的阿克斯胡斯城堡（Akershus Festning）建於 1299 年，在中世紀時期為國王哈康五世看顧著他的子民、抵禦了瑞典埃里克公爵的侵略，哈康六世還曾以這座堅不可摧的堡壘作為皇家官邸。如今的阿克斯胡斯城堡雖然對公眾開放，但仍為軍事區域，挪威武裝部隊博物館和挪威防禦博物館都位在此處。城堡教堂中的皇家陵墓，有多位皇室成員皆埋葬於其中。

　　堡壘內部的建築也曾作為監獄使用，周圍蔥鬱的綠地在二戰期間是染血的刑場，挪威抵抗軍在此遭到納粹槍決。然而現在所見的城堡在 17 世紀初進行了大規模的擴建，中世紀風格的外觀底下充滿文藝復興時期的華麗，迪士尼的動畫電影《冰雪奇緣》（Frozen）據說就是以阿克斯胡斯城堡為背景發想，主樓有時候會舉行官方活動或是接待貴賓的晚宴。

城堡一角

城堡一角

Data

阿克斯胡斯城堡
◎網址：https://www.forsvarsbygg.no/no/festningene/finn-din-festning/akershus-festning/english/
◎交通：搭乘 12 號電車於 Kontraskjæret 站下車。
◎開放時間：5～9 月，06:00～21:00 │ 10～4 月，07:00～21:00。
◎門票：可免費進入城堡要塞和挪威武裝部隊博物館參觀，其他展覽、導覽或音樂會
　　等活動可能需收費。

卡爾約翰大道

　　卡爾約翰大道（Karl Johan Gate）從中央車站一直延伸到皇宮，是奧斯陸最主要的購物區，順著這條筆直大道兩旁是櫛比鱗次的各式商店、精品百貨，像是深受國人喜愛的 Mango、Zara、H&M 等在這裡都可以看得到。但是挪威的物價高得驚人，在此購買精品雖然可以退稅，價格卻沒有想像中的便宜，建議大家還是在其他的歐洲國家購買比較划算。

　　如果是當地品牌或潮物小店，有時候可以買到物美價廉的商品，尤其是聖誕節過後的購物季，許多商家都會有意想不到的折扣。不能錯過的北歐品牌有 Bik Bok、KappAhl、Monki、Cubus，不但款式具有設計感、材質也好，至於瑞典流行品牌 Fjällräven Kånken 的背包，價格和臺灣差不多，無須千里迢迢來此購買。

來到奧斯陸，千萬不要錯過這條購物大道。我覺得最值得買的是 Helly Hansen（簡稱為 HH）的機能性外套，在臺灣一件要價上萬元，但在挪威大家都必需要有一件防水的機能外套，特賣活動時價格都很優惠；如果要買運動用品可以到 XXL Moss，因為是運動用品專門店，折扣會比較多，但是球鞋的價格遠比臺灣高出許多，讀者可以自行斟酌採購。

Info
一般商店的營業時間為 11:00 ～ 20:00，有時甚至 18:00 就打烊了。

泰恩

　　泰恩（Tøyen）以前是葡萄酒莊園聚集的地區，1811 年，由國王將農地捐贈給皇家腓特烈大學（奧斯陸大學的前身），並建立大學教授宿舍，部分土地後來成為自然歷史博物館和植物園。現在這裡是奧斯陸人口最密集的區域，同時也是族群融合的多元文化區，有許多亞洲、非洲、美洲及東歐移民在此聚集，餐廳、酒吧及咖啡店也紛紛進駐。奧斯陸市政府計畫將孟克博物館遷往 Bjørvika 地區，並在此打造一個新的科學園區。

孟克美術館

　　愛德華・孟克（Edvard Munch，1863 ～ 1944）生於挪威洛滕（Løten）地區，是位風格多變的表現主義畫家。孟克美術館（Munch Museet）設立於 1963 年，這一年正是他誕生 100 週年紀念。

　　在孟克的作品中可以看出強烈的情緒及情感，原因可追朔到他的童年時期，在他五歲時，母親就死於結核病，而後姊姊也因為此病離他而去，所以孟克經常在畫作中表達自己的悲傷。雖然孟克飽受親人相繼辭世的精神折磨，但他依舊透過繪畫冷靜地觀察自己的精神狀況。

《吶喊》共有四個版本，孟克美術館收藏了其中兩幅

在孟克美術館中，收藏了許多他不同時期的作品，其中最著名的一幅為《吶喊》（Skrik），畫中以色彩對比的簡潔線條表達人性對恐懼的感受，孟克形容這是「在孤獨和被苦悶所戰慄的一刻時感受到自然界有浩瀚無盡的吶喊」。除了這幅備受眾人注目的畫作外，其他像是《瑪麗亞》（Madonna）、《生命之舞》（The Dance of Life）等，也都是館內珍貴的收藏，此外還有介紹孟克生平的影片，喜歡藝術畫作的朋友不能錯過此一景點。

Data
孟克美術館
◎網址：http://munchmuseet.no/en/
◎地址：Tøyengata 53, 0578 Oslo
◎電話：（47）23 49 35 00
◎交通：搭乘地鐵到 Tøyen 站後，步行 2 分鐘可達；或是搭乘 20 號巴士於 Muncmusset 站下車。
◎門票：成人 100 克朗，學生 60 克朗，18 歲以下 & 持奧斯陸城市卡免費。
◎開放時間：5 ～ 9 月，10:00 ～ 17:00 ｜ 10 ～ 4 月，10:00 ～ 16:00 ｜ 每月最後一個週四 10:00 ～ 23:00。
◎休 館 日：1 月 25 ～ 27 日、5 月 1 日、3 ～ 5 日、17 日，10 月 25 ～ 27 日，12 月 23 ～ 26 日、31 日。

自然歷史博物館

位於奧斯陸大學裡的自然歷史博物館（Naturhistorisk Museum）分為植物學展區、動物學展區及地質學展區，植物園也是博物館的一部分。

在植物學展區可以瞭解植物的演化、以及關於植物的基本認識，像是在森林裡看到的蘑菇哪些有毒、哪些可以採，還有松露的成長，在展區裡都有詳細解說。更特別的是挪威每個郡都有屬於自己的代表花卉，例如代表奧斯陸的是三葉草（Bakkekløver），你可以在展區裡看到各郡的代表花卉。

在動物學展區，不論是遠古時代的恐龍遺跡、寒帶冰原的猛瑪象遺跡，或是現今北極熊的生活樣貌、各式各樣的昆蟲動物，都有相關的介紹。在地質學展區可以看到許多的化石、以及岩石的分類和自然界產生的礦物結晶，還有隕石與火山的變化，是個值得造訪的地方。

自然歷史博物館隸屬於奧斯陸大學

自然歷史博物館
◎網址：http://www.nhm.uio.no/english/
◎地址：Sars gate 1, 0562 Oslo
◎電話：（47）22 85 50 50
◎交通：搭乘地鐵到 Tøyen 站後，步行 9 分鐘可達；或是搭乘 20 號巴士於 Muncmusset
　　　站下車，步行 2 分鐘，搭乘 31 號巴士於 Lakkegata skole 站下車，步行 3 分鐘。
◎門票：成人 80 克朗，學生、孩童 40 克朗，家庭 200 克朗，6 歲以下免費。
◎開放時間：11:00 ～ 16:00；溫室 10:00 ～ 20:00；植物園 3 月 15 日～ 9 月，07:00 ～
　　　21:00 ｜ 10 月～ 3 月 14 日，07:00 ～ 21:00。

彼爾克倫花園

　　彼爾克倫花園（Botanical Gardens）其實是隸屬於自然歷史博物館的植物園，走在裡頭可以看到許多不同的花卉，就像在奧斯陸的市區裡有個偌大的花園，美麗的景色讓人身心放鬆，冬季前來又是一番不同的感受。

彼爾克倫花園

舊阿克爾教堂

　　舊阿克爾教堂（Gamle Aker kirke）是奧斯陸僅存的中世紀教堂，興建於 12 世紀初期的羅馬式石頭教堂，也是奧斯陸現存最古老的建築。歷經多次火災及掠奪的教堂，在 1703 年的雷擊之後鐘塔幾乎全毀，今日所見的塔樓重建於 1861 年。教堂位在山丘上，可以俯瞰奧斯陸的美景。

舊阿克爾教堂

舊阿克爾教堂
◎網址：http://www.gamle-aker.no/
◎地址：Akersbakken 26, 0172 Oslo
◎電話：（47）23 62 91 20
◎開放時間：週四 16:00 ～ 18:00。
◎交通：搭乘 34、54 號巴士於 Telthusbakken 站下車，步行 3 分鐘。

弗羅古納爾

　　弗羅古納爾（Frogner）是位於奧斯陸西部的高級住宅區，以 18 世紀的弗朗納莊園（Fraunar）命名，此區的房屋保有 1900 年左右的樣貌，在當時屬於富裕階級。2004 年與比格迪半島合併為一個較大的自治市，也是奧斯陸的主要使館區，建築以別墅和公園為主，此區的維格蘭雕塑公園是挪威最受歡迎的旅遊景點之一。

憤怒的小孩

維格蘭人生雕塑公園

　　維格蘭人生雕塑公園（Vigelandsparken）是以單一藝術家古斯塔夫・維格蘭的作品組成的雕像公園，同時也是世界上最大的雕塑公園，利用青銅、花崗岩和鍛鐵創作而成的 200 多個獨特雕塑，是維格蘭畢生的心血。公園的設計和建築完成於 1939 ～ 1949 年，從公園入口開始，你會看到沿路周邊都有許多的人像雕塑，大致上可以分為「生命之橋」、「生命之泉」和「生命之柱」三個園區。

　　透過「生命之橋」兩旁的雕像，可以看到男女老少之間的親子互動、情感愛戀；沿著「生命之泉」走一圈，是以人的一生變化為主題的創作，從孩子的出生、一直到人生最後的盡頭；高聳的「生命之柱」表現出人生的百態，人們相互交疊在一起，緊緊地擁抱著彼此，卻又奮力地向上攀爬。生命之柱四周的雕塑名為「生命之圈」，家人的天倫之樂、情侶的歡笑爭吵，全都濃縮在這些雕像上、呈現在我們眼前。

甜蜜的負擔

　　這一系列的雕塑，真實地展現出我們每個人的生活，我覺得人生不就是如此，當我們相愛時，就努力地愛著彼此，當我們爭吵，也只是過程。生命並不是永恆的，讓自己處於最佳的狀態，才能創造最美好的生活。

生命之泉

相知相惜

生命之柱

公園景色

(photo by FenSheng)

DATA
維格蘭雕塑博物館
◎網址：http://www.vigeland.museum.no/en
◎地址：Nobels gate 32, 0268 Oslo
◎電話：（47）23 49 37 00
◎交通：搭乘地鐵至 Majorstuen 站後，步行 3 分鐘可達；或是搭乘 20 號巴士、12 號電車於 Frogner 站下車。
◎門票：成人 80 克朗，學生、孩童 40 克朗，家庭 200 克朗，7 歲以下 & 持奧斯陸城市卡免費。
◎開放時間：5 ～ 8 月，10:00 ～ 17:00 │ 9 ～ 4 月，12:00 ～ 16:00 │ 週一休館。

霍爾門科倫

霍爾門科倫（Holmenkollen）位在奧斯陸山區的市鎮，自 19 世紀起就是滑雪運動的勝地，其中最著名的就是滑雪跳台（Holmenkollbakken），此外，還有創立於 1923 年的滑雪博物館（Skimuseet）。

滑雪跳台

霍爾門科倫的滑雪跳台自 1892 年開幕以來，不但舉辦過許多世界錦標賽，還曾主辦 1952 年的冬季奧運。滑雪跳台共整建過 14 次，一開始的跳台是木造的，在 1914 年建造了一座 10 公尺高的鋼架，1940 年訂於奧斯陸舉行的北歐世界滑雪錦標賽雖因二戰取消，但 40 公尺高的跳台於當年啟用，並在二次大戰中被作為軍事之用，今日的滑雪跳台高達 65 公尺，是世界上唯一的鋼鐵跳台。

每年的 3 月初都會在霍爾門科倫舉行滑雪嘉年華會，是挪威僅次於國慶日的盛大節日，喜歡滑雪或是觀看滑雪賽事的人都可以前往參與。在沒有雪的季節，也能藉由滑索（Kollensvevet）、體驗從滑雪跳台一躍而下的速度和快感，鳥瞰奧斯陸的美景。

滑雪博物館
◎網址：http://www.skiforeningen.no/en/holmenkollen/skimuseet/
◎交通：搭乘 1 號地鐵至 Holmenkollen 站後，步行 10 分鐘可抵達。
◎門票：成人 130 克朗，學生 110 克朗，孩童 65 克朗，家庭 320 克朗，持奧斯陸城市
卡免費。
◎開放時間：5 月和 9 月，10:00 ～ 17:00 ｜ 6 ～ 8 月，09:00 ～ 20:00 ｜ 10 ～ 4 月，
10:00 ～ 16:00。

雪橇滑道

在奧斯陸就算不會滑雪，也可以選擇 Korketrekkeren 的雪橇滑道、體驗冬季活動的樂趣。此地的雪橇起源於 1880 年代，有幾條道路在冬季晚間開放供雪橇使用，自從 1950 年 Heftyebakken 的賽道被用於越野滑雪，Korketrekkeren 就成為唯一的雪橇滑道。

為了 1952 年冬季奧運新建的賽道從 Frognerseteren 開始，長達 1500 公尺，共有 13 處彎道。最受歡迎的雪橇滑道位於 Frognerseteren 和 Midtstuen 之間，可免費使用，也很適合孩童；滑下賽道後可以乘坐地鐵返回山頂，真的超好玩！

雪橇滑道

夜晚的雪橇滑道

Data

雪橇租借

◎網址：http://akeforeningen.no/
◎地址：Holmenkollveien, 0710 Oslo
◎電話：（47）22 49 01 21
◎交通：搭乘 1 號地鐵至 Frognerseteren 站
◎費用：成人 100 ～ 150 克朗，18 歲以下青少年 50 ～ 80 克朗，成人陪同 6 歲以下兒童 130 克朗。
◎開放時間：冬季，週一～五 10:00 ～ 21:00，週六 09:00 ～ 21:00，週日 10:00 ～ 18:00。

峽灣之旅

奧斯陸

　　從奧斯陸前往峽灣，沿路上會看到許多美麗且不一樣的風景，雖然自己開車有些累，但是可以隨心所欲地遊玩，絕對是最佳的選擇。挪威的駕駛方向和臺灣相同，所以不用擔心左右的問題；要注意的是冬季路面會因霜雪變得溼滑，租車時一定要確認車子是否換上適合雪地的輪胎，在路上要小心駕駛，接下來就開心的迎向歡樂的旅程吧！

利勒哈默爾

　　利勒哈默爾（Lillehammer）是個人口僅約 2.5 萬的城市，位於挪威的中部、米約薩湖（Mjøsa）的北端，屬內陸氣候，冬季寒冷、夏季較熱。市區還保留著許多 19 世紀的木造房屋，向北可以遠眺洛根河（Lågen）注入湖泊處，四周群山環繞，風景如畫。

　　此地因舉辦 1994 年冬季奧運會而聞名，2016 年也曾舉辦冬季青年奧運會，是冬季運動愛好者嚮往的旅遊勝地。對滑雪沒有興趣的人，中世紀的挪威歷史和文化傳統也非常值得探索，在這裡不但可以欣賞壯麗的自然風景、品嚐新鮮食材製作的當地美食，更能感受歷史建築與現代化的不同衝擊。

> **Data**
> 利勒哈默爾
> ◎網址：https://en.lillehammer.com/
> plan-your-stay/transport

跳台滑雪競技場

　　為了 1994 年的冬季奧運會，利勒哈默爾在 1993 年啟用了一處新的跳台滑雪競技場（Lysgårdsbakkene），擁有大、小兩座滑雪跳台；並於 2007 年大幅翻修，再次用於 2016 年的冬季青年奧運會。目前的滑雪跳台在夏季也可以作為練習使用，競技場共有 7,500 個座位，可以容納 35,000 名觀眾，每年都有許多的滑雪錦標賽在此舉行。

滑雪跳台

奧運聖火臺

遊客可以搭乘纜車到大跳台上，鳥瞰米約薩湖的全景，這是造訪利勒哈默爾必看的美景之一；或是坐在跳台旁往奧運聖火臺的石階上休憩、野餐，也是很好的選擇。有時候會看到一些運動員不分季節在此進行訓練，看著他們奮力從跳台上一躍而下，我都會有種心跳快要停止的感覺。

Data
滑雪跳台
◎網址：http://www.olympiaparken.no/en/anleggene/lysgardsbakkene-hoppanlegg
◎門票：成人25克朗，7～15歲孩童15克朗，7歲以下免費｜含纜車成人60克朗，7～15歲孩童55克朗。
◎纜車：單程40克朗，家庭120克朗，7歲以下免費。
◎開放時間：5月20日～6月2日，8月14日～9月3日，09:00～16:00｜6月3日～8月13日，09:00～15:00｜9月9日～24日，週末11:00～16:00。

奧林匹克滑雪中心

奧林匹克滑雪中心（Olympiske Bob-og Akebane）位於Hunderfossen，距離利勒哈默爾市中心以北15公里，此處擁有北歐唯一的人工雪橇滑道，在冬天提供多項冰上活動，像是四人雪橇、冰上膠筏（Bobrafting）及俯式冰橇（Skeleton），在夏季你可以嘗試競速賽車（Wheelbob）。

此外，還有一個活動公園，提供各項團體活動，例如迷宮、步槍練習、弓箭射擊，也有戶外漆彈競技場和燒烤區，可以全家大小一起參與。

Data
奧林匹克滑雪中心
◎網址：http://www.olympiaparken.no/en/
◎競速賽車：成人250克朗，10～15歲孩童190克朗，家庭750克朗。
◎開放時間：6月和9月，週六10:00～17:00｜7～8月，10:00～17:00。

麥豪根露天博物館

位於利勒哈默爾的麥豪根露天博物館（Maihaugen），擁有超過200棟不同時期的建築，是挪威最大的露天博物館。博物館的起源可以追溯至1887年，創始人安德斯・桑德維奇（Anders Sandvig）從Gudbrandsdalen收集了各式的古老房屋、家具及文物，在1901年，他的私人收藏品成為政府

木板教堂

支持的公共博物館。其中最吸晴的是木板教堂（Garmo stavkirke），1882 年教堂被拆卸並賣給桑德維奇，然後他將教堂帶到利勒哈默爾，直到 1920 年才重新組合，1921 年移到博物館。

博物館的建築分為農村屋舍、歷史城鎮及住宅區三個部分。農村屋舍主要是 1700 ～ 1850 年的建築，也有 15 世紀時的村舍，總共有 27 座；庭院外有一大片農場，是牛、綿羊及山羊的活動區域，牠們在這裡出生、成長，看到一群動物在

農村生活

這裡，彷彿回到了農村時代。歷史城鎮是從 19 世紀初到 1920 年左右的建築，這些由神父所建造的房屋就像是一座巴洛克式的城堡；客廳陳設展現上層階級無憂無慮的生活，漫步在屋外的住宅花園，裡面種滿了各式各樣的花，可以盡情享受下午的悠閒時光。住宅區則是 20 世紀以來的典型單戶住宅，

特別的是還有一間舊時的教室，可以在此體驗從前的教學方式與現在有何不同，課程內容也從語言、數學和宗教，轉變為科學、歷史和地理，民主課程由憲法開始介紹起，讓大家知道法令所賦予人民的權利義務。

教室一角

DATA
麥豪根露天博物館
◎網址：https://eng.maihaugen.no/
◎門票：6 月 15 日～8 月 15 日，成人 170 克朗，6～15 歲孩童 85 克朗，家庭 425 克朗，學生 115 克朗｜8 月 16 日～6 月 14 日，成人 130 克朗，6～15 歲孩童 65 克朗，家庭 325 克朗，學生 95 克朗。
◎開放時間：1 月 1 日～5 月 31 日和 9 月 1 日～12 月 30 日，週二～日 11:00～16:00｜6 月 1～14 日和 8 月 16～31 日，週一～日 10:00～17:00。
◎休館日：5 月 1、17 日，12 月 24～25 日，12 月 31 日～1 月 1 日。

蓋朗厄爾峽灣

蓋朗厄爾峽灣（Geirangerfjord）是斯圖爾峽灣（Storfjord）的分支，位於默勒・魯姆斯達爾郡（Møre og Romsdal）南部，長達 16 公里，在 2005 年與納柔依峽灣（Nærøyfjord）一起被聯合國教科文組織列為世界遺產，是挪威最受歡迎的旅遊景點之一。

峽灣被高聳的群山環繞，兩端是自然天成的瀑布，山頂覆蓋靄靄白雪，身處如此壯闊的景觀之中，令人不禁讚嘆！建議不要錯過此一行程，而且在峽灣附近還有許多景點值得一遊，可以參考挪威旅遊官方指南的介紹。

（ photo by FenSheng ）

遊客信息中心

在峽灣的遊客信息中心可以取得許多有用的資訊，例如巴士路線、遊輪航班，應有盡有。這裡也有挪威著名服飾品牌 Woods of Norway 的 Outlet，趁著等車的空檔去逛逛，說不定會有意外收獲；或是到禮品店挑選山妖 Troll 的周邊商品，店外還有隻巨大的 Troll 可供拍照，來到挪威一定要跟 Troll 合影留念。

遊客信息中心
◎網址：https://www.fjordnorway.com/geiranger

Info

Troll

出自北歐神話的 Troll，是挪威著名的山妖，他們通常居住在山洞或岩穴裡，只有夜晚才出來活動、覓食，一旦被光照到就會變成石頭。Troll 長得非常高大強壯，只有火焰能燒死他們，在森林裡的 Troll 雖然看起來很可怕，事實上卻是心地善良，他們還會幫助挪威人驅邪解厄。在郊區有時會看到堆疊的石頭，挪威人認為那些石頭就是 Troll 變成的，石頭堆得越高、受到 Troll 的守護就越多。

峽灣巡禮

你可以搭乘遊輪前往、近距離欣賞峽灣的美景，尤其推薦七姐妹（De syv søstrene）、修士（Friaren）及新娘面紗（Brudesløret）這幾個浩蕩奔騰的瀑布，更為雄偉的峽灣增添了一番磅礡的氣勢，絕對值得一看。

峽灣巡禮（Fjordsightseeing Geiranger）全程為 90 分鐘，除了參觀上述幾個著名的景點，也會繞行全長 16 公里的峽灣；或是選擇 60 分鐘的景點巡禮，同樣可以體驗峽灣和瀑布的絕美。必須注意的是郵輪的時刻表會隨季節更動，部分船班只有星期六運行。

峽灣巡禮

2017 年	峽灣巡禮（90 分鐘）	景點巡禮（60 分鐘）
4 月 1 ～ 30 日	11:30（週四～六）	
5 月 1 ～ 14 日	09:30（週六）、11:30	
5 月 15 ～ 31 日	09:30、11:30、14:00、16:00	
6 月 1 日～ 9 月 3 日	08:45、09:30、11:30、14:30、17:00	10:30、12:00、13:30、14:45、16:00、17:30
9 月 4 ～ 17 日	09:30、11:30、14:00、16:00	
9 月 18 日～ 10 月 15 日	09:30（週六）、11:30	
10 月 16 ～ 31 日	11:30（週四～六）	
成人	250 克朗	230 克朗
4 ～ 15 歲孩童	135 克朗	135 克朗
0 ～ 3 歲幼童	10 克朗	10 克朗

Data 峽灣巡禮
◎網址：http://www.geirangerfjord.no/geirangerfjord-sightseeing-5
◎乘船處:遊輪碼頭距離蓋朗厄爾遊客信息中心 / 售票處 20 公尺。

老鷹之路

老鷹之路

　　從遊客信息中心沿著 63 號公路往山頂的方向，老鷹之路（Ørnevegen）就在蓋朗厄爾和埃茲達爾（Eidsadl）之間，此路段以接連的 11 個髮夾彎而聞名，在髮夾彎最高點的觀景臺附近經常有老鷹聚集，故得此路名。63 號公路全長 106 公里，老鷹之路常年開放，沿途有許多觀景臺可以鳥瞰峽灣的美麗風景，其餘的精靈之路（Trollstigen）則只在 5 月至 10 月通車。從海平面爬升到海拔 1,600 公尺的這條蜿蜒公路，也稱為黃金之路（Golden Route），是考驗駕駛技術的危險公路之一，但是沿線峽灣和群山的自然美景，絕對是不虛此行。

觀光巴士

　　不是自行駕車的讀者，從蓋朗厄爾遊客信息中心搭乘觀光巴士，沿途經過 Flydalsjuvet 到達 Dalsnibba 觀景臺，同樣能欣賞老鷹之路的高山美景。因為一天只有兩班巴士，建議提早前往購票或是網路預訂。

Flydalsjuvet

DATA
觀光巴士
◎網　址：http://www.geirangerfjord.no/bus-tour-to-mt-dalsnibba
◎地址：Kaia, 6216 Geiranger
◎電話：（47）70 26 30 07
◎票價：成人 320 克朗，4～15 歲孩童 200 克朗。
◎營運時間：5～9 月，班次請至官網查看。

Tips

小木屋

在蓋朗厄爾峽灣附近有
許多的小木屋或是民宿
可以提供住宿，價格不
貴也很整潔，四人小木
屋約 1,000 克朗（臺幣
3,700 元），還能感受
峽灣近在咫尺的氛圍。

挪威縮影

　　由峽灣旅遊公司（Fjord Tours）所推出的「挪威縮影」（Norway in a Nutshell），無疑是最受遊客喜愛的行程之一，巧妙地利用火車、巴士及遊輪往返，讓你可以輕鬆規劃一至三天的旅行，一路從挪威東部（奧斯陸）玩到西部（卑爾根），看遍最美的峽灣風景，見證大自然的鬼斧神功，是來到挪威絕不可錯過的行程。

> **Data**
> 挪威縮影
> ◎網址：https://www.norwaynutshell.com/

奧斯陸

　　從奧斯陸出發，可以選擇旅遊公司安排好的套裝行程，也可以稍微變化一下順序，自己分段訂購票券會比較便宜。

　　我所規劃的行程是先搭乘火車從奧斯陸到卑爾根，再從卑爾根到沃斯；從沃斯搭乘巴士到居德旺恩，再利用渡輪到弗洛姆；之後搭乘觀光列車到米達爾，最後再從米達爾轉乘回到奧斯陸。這樣可以在卑爾根多玩一天，也能感受不同交通路線沿途的地形風貌。

　　火車的購票方式請參閱挪威國鐵的介紹（p.76），儘可能提早訂購才能享有早鳥票優惠價；而巴士的部分可以在網上訂購、或是到現場買票，事先將票券準備好，免去旅程中找不到購票地點的煩惱。

　　在奧斯陸轉乘時，可以到火車站附近的購物大道逛逛（參見 p.126），如果是夏季，還可以到歌劇院附近走走，感受陽光照耀的熱力。

> **Data**
> 挪威巴士快線
> ◎網址：NOR-WAY Busseksoress

（photo by FenSheng）

卑爾根

卑爾根（Bergen）是挪威的第二大城市，人口約為 42 萬，城市與峽灣結合，三面環山。有七座高山環繞在周圍的卑爾根，又被稱為「七山之都」。

卑爾根是在 1070 年由國王奧拉夫（Olav Kyrre）所建立，始於 1100 年左右的魚類出口讓卑爾根成為北歐的貿易中心，壟斷挪威北部的貿易直到 1789 年，至今仍然可以在布呂根的碼頭周圍看出當年的情況。

在 1299 年之前卑爾根是挪威的首都，到 1850 年之前都還是挪威最大的城市；卑爾根是水產養殖、航運、海洋石油工業及海底技術的國際中心，卑爾根港最繁忙的時候，每年有超過 300 艘遊輪進出，帶來觀光產業及商業的興盛。

卑爾根也被稱為「雨城」，在所有的季節都擁有大量的降雨，冬季更可以連續降雨多達 85 天；屬於海洋性氣候，夏季涼爽、冬季溫暖，夏季的高溫約為 20 多度，冬季的氣溫很少低於 -10 度，也因為如此濕度較高。

布呂根

布呂根（Bryggen）位於卑爾根港東側，是卑爾根城市中最古老的部分，在 1979 年被聯合國教科文組織列為世界文化遺產。最早的碼頭建設可以追溯至 1100 年，在大約 1350 年時，此地成為漢薩同盟商業活動的中心，卑爾根也因此發展成為重要的貿易中心。

布呂根的建築逐漸被漢薩同盟的商人所接管，他們在倉庫裡裝滿來自各地的貨物，特別是挪威北部的鱈魚乾及歐洲的穀物。但 1702 年時的一場火災幾乎將整個布呂根燒成灰燼，原地重建後的木造建築有獨特的陡峭三角形屋頂，多為三層樓的房屋井然有序的平行排列，顏色以紅、黃、奶油色為主。

　　布呂根早已是卑爾根人生活的一部分，有許多歷史建築到現在還繼續使用著，這些房屋變成了咖啡館、餐廳及商店，觀光客似乎還能感受到港口以前興盛的樣貌。商店賣的都是一些傳統的小飾品，有時候店員也會穿著傳統服飾；庭院中的鱈魚乾木雕，提示著卑爾根迅速興起的過往，也像是在訴説挪威人不屈不饒、奮力向前的精神。

 布呂根
◎網址：https://en.visitbergen.com/visitor-information

傳統商店

港口雕塑

卑爾根堡壘

　　從 12 世紀卑爾根胡思（Bergenhus）就是挪威國王主要的住所，1250 ～ 1300 年，卑爾根更是挪威最重要的城市和政治中心。卑爾根堡壘（Bergenhus festning）位於卑爾根港的入口處，堡壘城牆建於 17 ～ 19 世紀，主要建築物位於堡壘的西南角。

　　其中最古老的哈康館（Håkon's Hall）是 1250 年左右所建，在中世紀做為皇家住所，是卑爾根皇宮最大的建築，哈康六世與丹麥公主結婚也在此處。哈康館是哥德式風格，曾遭受數次大火侵襲，但石造的部分並沒有受損，內部則經過全面修復；在 1520 ～ 1860 年被當作儲藏室使用，直到 19 世紀末才恢復。

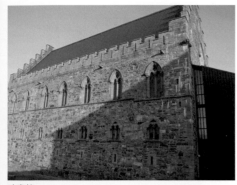
哈康館

羅森克蘭茨塔（Rosenkrantz Tower）為 1270 年代所建，是挪威最重要的文藝復興時代建築。雖然中世紀晚期卑爾根堡壘不再是國王的住所，但在軍事及政治上還是占有重要的地位，二次大戰期間德國人便以此為總部。

19 世紀初，堡壘逐漸失去防禦的功能，變成公園和花園，但當時的壯觀依舊，登上塔樓可以眺望卑爾根港，開闊的景觀讓人心曠神怡。

堡壘附近

羅森克蘭茨塔

羅森克蘭茨塔

卑爾根堡壘
◎網址：哈康館 http://www.bymuseet.no/en/museums/the-king-haakons-hall/
◎羅森克蘭茨塔 http://www.bymuseet.no/en/museums/the-rosenkrantz-tower/

卑爾根纜車

　　卑爾根纜車（Fløibanen）連結市中心與 Fløyen 山頂，每個遊客到此一定會乘坐纜車上山，欣賞卑爾根的美景。纜車索道總長 844 公尺，高度落差 302 公尺，是挪威著名的旅遊景點之一。

　　1895 年時，當地居民首次在議會中提出興建纜車的想法，但經費不足的情況下被擱置。直到 1907 年才有進一步的提案，並於 1912 年成立 FløibanenAs 公司，1914 年開始纜車的建設，隨著第一次世界大戰爆發，工程推遲到 1918 年才正式啟用。第二次世界大戰期間，德軍在山上修建碉堡，將纜車用於運輸物資，造成設備磨損。戰後，纜車被漆成代表挪威國旗的紅色和藍色，一直沿用至今。

　　如果天氣晴朗，喜歡健行的人也可以選擇徒步登山，全程大約 40 分鐘，不但能看到美麗的風景，還能感受山林的新鮮空氣；在山上的咖啡店休息一下，再乘坐纜車回到市區。建議大家在太陽快下山時前往搭乘纜車，既能欣賞日光美景，等到夜幕低垂，又能看到燈火閃爍的夜景，真的很漂亮，千萬不要錯過。

卑爾根纜車
◎網址：http://floyen.no/en/
◎票價：成人 45 克朗，孩童 23 克朗，家庭 225 克朗（來回）。
◎開放時間：週一～五，07:00 ～ 23:00 ｜ 週六～日，08:00 ～ 23:00。

卑爾根國家劇院

　　卑爾根國家劇院（Den Nationale Scene）是挪威三個國家劇院之一，也是其中歷史最悠久的，成立於 1850 年，當時以諾斯克劇院（Det Norske Theatre）為名。挪威劇作家亨利克・易卜生（Henrik Ibsen）是劇院的首位作家和藝術總監之一，他的第一部現實主義劇作於 1877 年在挪威首演。

　　1909 年劇院搬遷到目前的位置，但因為空間太小，又在 1920 年將劇院擴建。在二次大戰期間，劇院門廳及大廳被摧毀，直到 2001 年才幾乎將建築恢復成原本的樣貌，走進劇院裡面，彷彿能看到當年的情境。和奧斯陸歌劇院充滿現代感的外觀不同，卑爾根國家劇院保有百年歷史的古老建築，劇院有各種形式的演出，包括各國經典、當代戲劇、音樂劇及兒童劇等，喜愛戲劇的朋友不妨來此感受藝術的衝擊。

卑爾根國家劇院
◎網址：http://www.dns.no/english/

洛根劇院

　　洛根劇院（Logen Teater）成立於 1883 年，是一個即興的表演場地，小型的舞臺和只能容納 60 名觀眾的座位，以各類型的音樂演出為主，也包括舞蹈和戲劇表演等。劇院不以營利為目的，主要是讓一些小樂團有個空間

可以發揮，在這裡除了聆聽音樂，還能享受舒適的夜生活氛圍。劇院在週日有固定演出，喜歡音樂的朋友千萬不要錯過。

Data 洛根劇院
◎網址：http://logen-teater.no/

沃斯

　　沃斯（Voss）位於挪威的西南部，坐落在松恩峽灣（Sognefjord）及哈當厄爾峽灣（Hardangerfjord）之間，自然景觀非常豐富，擁有美麗的森林、河流、瀑布、湖泊、山谷，以及常年白雪覆蓋的山峰。在這個城市，一年四季都適合到戶外探險，冬季還可以滑雪；或是到博物館一窺古代挪威人的生活，當地還有 700 年歷史的古老教堂，世界著名的 Voss 礦泉水也出自於此。

沃斯民俗博物

　　成立於 1917 年的沃斯民俗博物館（Voss Folkemuseum），保留了位於莫斯特（Mølstertunet）的舊農舍，被風化成棕灰色的木牆，屋頂上覆蓋著草皮

或石板，所有建築物依舊維持當年的模樣，真實呈現幾個世紀以來當地的農村生活樣貌。其中最古老的建築是一座有開放式地爐的木屋（årestove），可以追溯到 1500 年，此外，博物館裡收藏著 20,000 件的古老器具，來到這裡就彷彿進入另一個時空。

民俗博物館

沃斯民俗博物
◎網址：http://www.vossfolkemuseum.no/en/news-and-events
◎地址：Mølstervegen 143, 5700 Voss
◎電話：（47）47 47 97 94
◎門票：成人 90 克朗，16 歲以下免費。
◎開放時間：5 月 18 日～ 8 月 31 日，10:00 ～ 17:00 ｜ 9 月 1 日～ 5 月 16 日，週一～五 10:00 ～ 15:00，週日 12:00 ～ 15:00。

沃斯教堂

　　位於市中心的沃斯教堂（Vangskyrkja）建於 1271 ～ 1277 年，在以木造教堂為主的 13 世紀，這座哥德式的石頭教堂顯得十分獨特，厚達 1 ～ 2 公尺的外牆看似堅不可摧，在二次大戰中倖免於難的這座教堂，至今仍是當地居民的活動場所，每到夏季，教堂前會舉行音樂會等活動。

沃斯教堂
◎網址：http://www.voss.kyrkja.no/
◎地址：Vangsgata 3, 5700 Voss
◎電話：（47）56 52 38 80
◎門票：20 克朗。
◎開放時間：6 ～ 8 月，週二～六 10:00 ～ 16:00。

沃斯教堂

居德旺恩

位於納柔依峽灣（Nærøyfjord）起點的居德旺恩（Gudvangen），是挪威縮影途中的一個轉乘點。納柔依峽灣是松恩峽灣的分支，其多變的地貌造就讓人驚豔的美景，獲《國家地理》

（National Geographic）雜誌評選為「世界頂級未受汙染的旅遊地」，更在2005 年被列入聯合國教科文組織的世界遺產名錄。從 19 世紀末以來，納柔依峽灣就吸引絡繹不絕的遊客，可以搭乘從居德旺恩出發的渡輪，將峽灣的美景盡收眼底。

峽灣巡航

往返居德旺恩和弗洛姆（Flåm）之間的渡輪，是挪威縮影中最受遊客喜愛的行程之一，在夏季期間從 8:00 ～ 18:00，每天都有多班渡輪穿梭巡航，帶你領略納柔依峽灣的迷人之處。這個世界上最狹長的峽灣，最窄處僅有250 公尺寬，沿岸的陡峭山壁高達 1,700 公尺，順著懸崖傾瀉而下的瀑布是一道道美麗的風景線，讓人目不暇給。

Data
峽灣巡航
◎網址：https://www.visitflam.com/zh/se-og-gjore1/aktiviteter/fjordcruise-pa-naroyfjorden-2016/

郵政路健行

從居德旺恩出發，沿著納柔依峽灣的西岸，終點是名為巴卡（Bakka）的小村莊，這條建立於 1600 年代的郵政路（Postal road），陡峭的路線徒步需要 2.5 小時左右，沿途景色壯麗，想要更具挑戰性的人可以繼續向海拔 725 公尺的 Rimstigen 前進。

郵政路
◎網址：https://www.visitflam.com/zh/se-og-gjore1/pakker/the-world-heritage-fjord-hike---the-historical-postal-road/

謝爾瀑布

位於小鎮居德旺恩附近的謝爾瀑布（Kjelfossen），總高度為 755 公尺，是世界最高的瀑布之一。

一般來說，此處所有落在一起的瀑布都被統稱為謝爾瀑布，其中最高的單一瀑布為 149 公尺。主要的瀑布有三道，正式被命名為謝爾瀑布的是左側最大的瀑布，也稱為大謝爾瀑布（Stor Kjelfossen）；中間的瀑布稱為 Vetle Kjelfoss；右側最小的瀑布則未命名。

欣賞謝爾瀑布的最佳時機是 6 ～ 7 月，此時大量的冰川融化注入河谷，瀑布從峭壁上飛流而下、蔚為壯觀。在日落時分，瀑布被火紅的夕陽映照，顯得格外漂亮。

謝爾瀑布
◎網址：https://en.sognefjord.no/things-to-do/kjelfossen-waterfall-p1360593

弗洛姆

弗洛姆（Flåm）位於奧涅斯峽灣（Aurlandsfjorden）的盡頭，居民人數不多，是個依山傍水、景色宜人的小鎮。1940 年弗洛姆鐵道開通之後，目

前每年有近 45 萬人次的遊客來到這裡，搭乘挪威縮影最熱門的觀光列車，欣賞沿途美不勝收的自然風光。

弗洛姆鐵道是卑爾根鐵道的支線，建設工程從 1924 年開始，全線設有 10 個車站。施工過程中最困難和費時的部分是隧道，其中之一甚至在山林間彎曲延伸成了 U 型。這條遠近馳名的鐵道，同時也是全世界最陡的鐵道之一。

弗洛姆觀光列車

弗洛姆鐵道（Flamsbana）是不可思議的火車路線，堪稱世界的工程奇蹟，弗洛姆觀光列車更是挪威最重要的旅遊景點，在 2014 年被《孤獨星球》（Lonely Planet）雜誌評選為「全球最賞心悅目的火車觀光路線」。

從位於平地的弗洛姆出發，沿著陡峭的山谷迂迴攀升，短短 20 公里的路程，一共穿越 20 個隧道，海拔落差將近 900 公尺，平均坡度達 5.5%。旅程時間大約 60 分鐘，沿途可以看到蜿蜒的河流、深邃的峽谷、險峻的高山、奔騰的瀑布、蔥鬱的森林、靄靄的白雪……，挪威西部的美景一覽無遺。

《國家地理旅行者》（National Geographic Traveler）雜誌將其列入歐洲十大火車觀光路線名單，每年吸引無數遊客前來，千萬不要錯過此一行程。

弗洛姆觀光列車
◎網址：https://www.visitflam.com/zh/se-og-gjore1/aktiviteter/flamsbana/

克霍斯瀑布

位於米達爾車站附近的克霍斯瀑布（Kjosfossen），高度落差約 225 公尺、氣勢磅礴，是挪威最受歡迎的旅遊景點之一；欣賞此瀑布的最佳方式為搭乘弗洛姆觀光列車、直接橫越過瀑布上方。1900 年在此設立了一座發電廠，利用高度落差將水力轉為電力，供觀光列車使用。旅遊旺季會有女孩子扮成 Huldra 在車站前表演節目。

關於克霍斯瀑布有一則北歐傳說故事：名為 Huldra 的年輕貌美女子、有著一頭漂亮的金色長髮，她總是戴著花朵做成的皇冠，但卻有著一條牛的尾巴，大多數的人一看到她就會逃跑。她偽裝成牧羊女，引誘未婚的年輕男子進入山區，除非他們結婚、否則無法離開。然而真的和她結婚，會使她變成力大無比的醜女，若非如此、她將失去她的尾巴。

弗洛姆教堂

當觀光列車離開弗洛姆、沿著鐵道向上行駛時，可以看到建於 1667 年的弗洛姆教堂（Flåm kyrje）佇立在山林間。原本有座建於 1360 年的舊式木板教堂，新的教堂落成後就把舊有的教堂拆除。新的木造教堂內部裝飾有動物的彩繪壁畫，像是鹿、獅子、野兔及狐狸，類似的圖案也在卑爾根的一些私人住宅發現過。

DATA
弗洛姆教堂
◎網址：https://en.sognefjord.no/things-to-do/flam-church-p1541923

米達爾

米達爾（Myrdal）是挪威縮影的其中一站，也是弗洛姆鐵道和卑爾根鐵道的交界點，海拔 867 公尺的米達爾沒有公路連接，只有火車才能到達。

米達爾車站

自行車之旅

每到春夏，從米達爾沿著瑞拉路（Rallar Road）往弗洛姆的路段，是挪威人很喜歡的騎車、健行路線，沿途可欣賞壯麗的瀑布景觀，除了白雪皚皚的山峰，還有鬱鬱蔥蔥的森林，呈現出不同的風貌，新鮮空氣更是讓人心曠神怡；有時候也會看到成群的羊兒在路上蹓躂，山區的農場有自製的山羊乳酪，如果有機會可以試試。途中最令人興奮的是米達爾山（Myrdalberget）的 21 個蜿蜒彎道，順勢而下充滿刺激感，進入山谷順著弗洛姆河就會到達市區，這趟行程雖然路途有點長，但很適合喜歡運動的人參與。

Data
自行車之旅
◎網址：https://www.visitflam.com/zh/se-og-gjore1/pakker/flamsbana-og-vandring/

(photo by FenSheng)

（ photo by FenSheng ）

到挪威旅行，除了幾個知名的城市及一定要去的峽灣，其實還有許多值得一遊的地方，讓我們更深入的探訪挪威，發掘它的不同面貌！

PART 6

挪威
祕密

滕斯貝格

　　滕斯貝格（Tønsberg）位在挪威的東南部，距離首都奧斯陸 102 公里，是西福爾郡（Vestfold）的首府，城市的人口大約 4 萬。建立於哈弗斯峽灣戰役（Battle of Hafrsfjord）之前，滕斯貝格的歷史可追溯至 871 年，被公認是挪威最古老的城市，並以此為基礎，在 1871 年時慶祝了建城千年。1987 ～ 88 年時，考古學家在修道院的廢墟下挖掘了幾個維京墳墓，證明滕斯貝格是斯堪地那維亞最古老的城市。

城堡遺蹟

　　西元 1253 年，哈康四世（Håkon Håkonsson）在滕斯貝格建立了一座城堡，成功抵制丹麥軍隊的攻擊，並在中世紀作為皇室的住所；隨著卡爾馬聯盟的瓦解，堡壘在 1503 年被瑞典士兵摧毀，目前只剩下部分堡壘的遺蹟，位於市中心以北的 Slottsfjellet 山區，喜歡歷史的朋友不要錯過。

城堡模型

塔樓

　　1856 年建造了一座木製的瞭望塔，但在 1874 年時被燒毀，現在看到的塔樓（Slottsfjelltårnet）修建於 1888 年，作為歷史堡壘的紀念碑。1971 年在塔內裝飾了新的牌匾，兩邊分別是挪威國王哈康七世和奧拉夫五世的簽名，入口處寫著「871 ～ 1871 年

願立於此處的城市延續另一個千年的繁榮」。

　　塔樓高 17 公尺，登上塔頂可以眺望整個滕斯貝格、以及奧斯陸峽灣的大部分，甚至是位在峽灣另一邊的東福爾郡（Østfold），景色非常漂亮，適合在天氣好的時候前往。

Slottsfjelltårnet

博物館

　　Slottsfjell 高原的廢墟公園是北歐最大的中世紀遺蹟，位於塔樓之下的博物館（Slottsfjellmuseet）與周邊地區形成連貫的文化遺址，象徵著城市的悠久歷史，展覽內容包括城市歷史、維京館、鯨魚館及西福爾郡農場。

Data

Data=Slottsfjellmuseet
◎網址：http://www.slottsfjellsmuseet.no/
◎門票：成人 100 克朗，6 ～ 17 歲學生 50 克朗，5 歲以下孩童免費。
◎開放時間：5 ～ 9 月，11:00 ～ 16:00 ｜ 9 ～ 5 月，週三～日 11:00 ～ 16:00。

城市歷史

　　滕斯貝格的興起要歸功於 19 世紀發達的捕鯨業，捕鯨先驅 Svend Foyn 在 1864 年建造了世界上第一艘蒸汽驅動的捕鯨船，不斷改進捕鯨技術並取得專利，為現代工業捕鯨奠定基礎。他透過捕鯨創造累積財富，替工人興

建房屋、學校，為宗教、孤兒提供財政支持，對社會、家園做出許多貢獻，至今城市中仍有許多建築物述說著當年的故事。

維京館

　　維京館（Vikinghallen）展示了挪威的第四艘維京船，這艘來自 Klåstad 的貿易船在 1970 年代出土，是唯一保存在奧斯陸以外的維京船。此外，歐洲最大的維京墓葬船——奧賽貝格號（Oseberg），在距離滕斯貝格市中心以北三公里處發現。

維京船

藍鯨骨架　　　　　　　　　　　　　　鯨魚骨架

鯨魚館

　　在鯨魚館（Hvalhallen）中展示了許多大小不同的鯨魚種類，有些鯨魚被作成標本保存下來，其中也包括了藍鯨的骨架。藍鯨是世界上最大的動物，可以長達 27 公尺、重達 150 公噸，藍鯨身上的脂肪可填滿 100 個石油桶。

DATA
鯨魚館
◎網址：http://www.hvalfangstmuseet.no/en/

西福爾郡農場

西福爾郡農場（Vestfold-gården）屬於博物館的露天展覽，位於 Slottsfjellet 和博物館之間的高原上，是建於 1940 ～ 50 年代的典型農場，包括來自郡內不同地區的 14 座傳統木造農舍。

其中最古老的建築是一個中世紀的閣樓，可追溯至 1407 年；沿著穀倉走向海邊的路上可以看到海員的房子；煤炭屋位在遠離農場的北側碼頭，避免火災造成危險。

碉堡

戰後一直處於關閉狀態的庇護碉堡，是 1940 ～ 41 年由德國工程人員所建，位在德國空軍駐紮的城堡深處，在二戰期間作為彈藥庫使用，1970 年時將入口封閉，直到 2014 年才重新開放，目前只有夏季開放參觀。

海港

滕斯貝格海港

位於市區的滕斯貝格海港旁，各式各樣的小餐館及小酒館林立，一到夏天，當地居民都喜歡和朋友相聚在此，享受陽光的洗禮，各家餐館幾乎都是天天滿座、一位難求。滕斯貝格政府還在海港旁打造復刻的維京船，計畫從 2018 年開始航行整個挪威。

復刻版維京船

《呐喊》的靈感來源處　　　　　　　　　　　　孟克的家

孟克的家

　　孟克的家（Munchs Hus）距離滕斯貝格市區大約半小時的車程，現在是一座小型博物館，保持原樣的房子就好像孟克本人還居住在此。

　　雖然孟克只有 1889 ～ 1905 年在此生活，但他離開之後還是會偶爾回到這裡，附近約三分鐘路程的地方有一個小港灣，正是他作畫的靈感來源，知名畫作《呐喊》、《奧斯高特蘭的曬衣場》及《橋上的淑女》，畫中熟悉的景象都是以此為藍圖勾畫出的。

DATA　孟克的家
　◎網址：http://www.munchshus.no/en/
　◎地址：Edvard Munchs gt. 25 Åsgårdstrand.
　◎電話：（47）40 91 59 00
　◎交通：從市區搭乘 1 號巴士往 Horten，在 Åsgårdstrand 下車。
　◎門票：成人 70 克朗，孩童 30 克朗，學生 30 克朗。
　◎開放時間：5 月和 9 月，週末 11:00 ～ 16:00。

博雷公園

　　博雷公園（Borrehaugene）擁有北歐最大的「鐵器時代」晚期遺址，歷史介於西元 600 ～ 900 年之間，研究更指出此地是維京時代之前的重要權力中心。在這裡可以看到 1852 年被挖掘出來的維京船墳，其中的一艘墓葬船目前保存於 Slottsfjellmuseet，周圍散布著雞血石的雕刻、馬鐙和鐵器等古物，學者根據馬鐙判斷應屬貴族的墳墓。

　　遺址的文物被取出後，挪威政府將此區域規劃成國家公園，並在旁邊設立了一座博物館和維京人的競技場，有時還能看見裝扮成古代維京人的表演者，手持斧頭在那揮舞。

博雷公園

Data

Midgard Historisk Senter
◎網址：http://midgardsenteret.no/en/om-midgard/the-borre-park/
◎地址：Birkelyveien 9, 3182 Borre
◎電話：（47）33 07 18 50
◎交通：從市區搭乘 1 號巴士往 Horten，在 Kirkebakken Borre 下車。
◎門票：成人 70 克朗，學生 50 克朗，孩童 50 克朗（9 ～ 5 月免費）。
◎開放時間：9 ～ 4 月，週日 11:00 ～ 14:00 ｜ 5 ～ 8 月，11:00 ～ 14:00 ｜ 競技場 6 月
　18 日～ 8 月 14 日，11:00 ～ 14:00。

世界的盡頭

　　從滕斯貝格往徹默島（Tjøme）的路途上，會看到峽灣環繞的斯卡格拉克海峽（Skagerrak），這裡是奧斯陸峽灣（Oslofjorden）的終點，讓人有種彷彿到了世界盡頭的錯覺。巨大的岩石串連起哈瓦西島（hvasser），和徹默島同屬菲達爾（Færder）國家公園的一部分，島上的古老旅館及小餐館，讓人想拋開一切、盡情享受那無邊無際的海洋。

易卜生的故鄉

　　希恩（Skien）——作家易卜生的出生地，是挪威最古老的城鎮之一，歷史可追溯到中世紀。在 16 世紀是重要的木材運輸港口，也因此成為商業及文化的重鎮；19 世紀後，科技與技術產業漸漸成為此地的重心。在這個城市裡，到處都可見到易卜生的蹤跡。

易卜生博物館

　　亨里克・約翰・易卜生（Henrik Johan Ibsen，1828 ～ 1906）是現代現實主義戲劇的創始人，因為當時的家庭價值觀及社會禮儀標準，讓他在作品中所提出的批判都被視為不道德的醜聞，徹底挑戰了當時的社會和思維。

　　易卜生出身於小康家庭，父母親原是經營木材業的商人，之後家道中落；他在 14 歲就離開父母，開始學習創作劇本。易卜生的作品大致可分三個時期，早期以挪威古代傳奇、歌謠及歷史改編創作，屬於浪漫主義的戲劇；1869 ～ 1890 年的中期創作，從浪漫主義轉向現實主義，以日常生活為素材，從多方面探討資產階級社會的各種弊端；晚期則轉向帶著悲觀情緒與象徵主義的心理描寫和精神分析。因為他對戲劇創作及發展有深刻的影響，被稱為現代戲劇之父。

　　位於希恩的易卜生博物館（Ibsenmuseet），是以他童年居住過的房子改建而成，可以回顧他的成長過程，瞭解他與家人的關係；館內也展出他的手稿，描述他的一生。

Data

易卜生博物館
◎網址：http://www.telemarkmuseum.no/en/about-henrik-ibsen-museum/
◎地址：Venstøphøgda 74, 3721 Skien
◎電話：（47）35 54 45 00
◎門票：成人 70 克朗，孩童 30 克朗。
◎開放時間：5 ～ 8 月，11:00 ～ 17:00。

布雷克公園

　　布雷克公園（Brekkeparken）的前身是中世紀的貴族莊園，除了有壯觀的主樓建物，周圍還有大片的花園和造景。19 世紀初，當時的貿易部長 Niels Aall 買下農場；最後一任私人業主在 1909 年將莊園出售，同年在此成立了博物館。

　　在不同的季節走入布雷克公園，可以感受到截然不同的風景，屬於英式園林風格的公園以鬱金香聞名，花園裡還有中世紀的涼亭和小橋。從山坡上可以眺望希恩的市區和運河，露天博物館裡有保存完好的 14 座農場建築，像是小雜貨店、鐵匠鋪、儲藏室、穀倉、及客人來訪時可以居住的小木屋。

儲藏室和穀倉

鐵匠鋪

Data

布雷克博物館
◎網址：http://www.telemarkmuseum.no/en/about-brekkeparken/
◎地址：Øvregate 41, 3715 Skien
◎電話：（47）35 54 45 00
◎門票：成人 70 克朗，孩童 30 克朗。
◎開放時間：11:00 ～ 17:00。

泰勒馬運河

　　連結希恩和達倫（Dalen）兩座城鎮的泰勒馬運河（Telemarkkanal），
Norsjø-Skien 的部分修建於 1854～1861 年間；而被譽為世界「第八奇蹟」
的 Bandak-Nordsjø 部分，自 1887 年起，在無法使用機械的情況下，動用了
500 名工人，挖鑿了五年的岩石，直到 1892 年才終於完工，並於同年 9 月
20 日啟用。在 15 世紀時，
泰勒馬地區是重要的木材
產地，運河便是人們運送
木材和貨物的快速通道。

　　這條從海岸到山區
的渠道，全長 105 公里，
共有 8 道水閘、18 個閘
門，可以將船隻從海平面
提升到海拔 72 公尺的高
度。在 5～9 月的旅遊
季，還有兩艘復古的蒸汽
遊輪——維多麗亞號和亨
利克號，提供固定的航班
遊覽運河。最令人驚奇的
是水位落差達 23 公尺的
Vrangfoss 水閘，和依然使
用手工方式操作的閘門，
船隻每通過一個閘門，就
必須往水道裡注水，讓水
位慢慢上升到一定的高
度，才可以打開下一個閘
門，讓船隻進入高處的航
道繼續行駛。

Data
泰勒馬運河
◎網址：http://www.visittelemark.com/telemarkskanalen

運河水閘

由低水位的湖泊區進入水道

極光城市

特羅瑟姆（Tromsø）是挪威北部最大的城市，在冰河世紀晚期就已經有人在此居住。薩米人（Sameland）是挪威的原住民，他們居住在斯堪地那維亞半島的北部，大部分在北極圈內，堪稱「歐洲最後一塊原始保留區」。薩米文化是此一地區最早為人所知的文化，雖然薩米族只占此區 5% 人口，但他們有屬於自己的語言，並提倡地區自治或民族自決。

在 17 世紀時，丹麥挪威聯盟為了鞏固斯堪地那維北部海岸而建造了一座堡壘。到了 1850 年，特羅瑟姆成為北極狩獵的主要中心，在其他海洋經濟活動中也顯得日益重要；第一家造船廠在 1848 年成立。

整個城市建設在峽灣與河域間的平原上，以跨海大橋連接城區，入夜後的景色美不勝收。雖然是在北極圈內的城市，但氣溫不算太低，夏季最高溫度有 25 度，冬季平均低溫也在 –10 度以上。

從 9 月～3 月，在此城市無光害處可以看到美麗的極光，除了極光，北挪威另一個特色是夏季的永晝和冬季的永夜。5 月 15 日～7 月 31 日是北極區的永晝，在這兩個多月裡因太陽直射，一直呈現日不落的景色；11 月 21 日～隔年 1 月 22 日則是永夜，在這兩個月裡太陽低於地平面，所以北挪威到處都是一片黑暗。

北極大教堂

　　北極大教堂（Ishavskatedrale）也稱為特羅瑟姆達倫教堂（Tromsdalen Kirke），1965 年建於 Tromsdalen 的山谷，由建築師 Jan Inge Hovig 所設計，因為造型獨特，有時又被稱為挪威歌劇院。1972 年在教堂的三角形東牆加

上了玻璃馬賽克，西南側牆面由高達 12 公尺的大片彩色玻璃製成，整座教堂像是高聳入雲的冰山，卻為人們的內心帶來溫暖。從這座教堂可以看到現代的建築思維，又可以感受到挪威人對宗教真誠的一面，來到特羅瑟姆一定不能錯過這個特別的建築。

DATA
北極大教堂
◎網址：http://www.ishavskatedralen.no/en/
◎門票：50 克朗。
◎開放時間：1 月 2 日～3 月 31 日，14:00 ～ 18:00 ｜ 4 月 1 日～5 月 31 日，15:00 ～ 18:00 ｜ 6 月 1 日～8 月 15 日，09:00 ～ 19:00 ｜ 8 月 16 日～12 月 31 日，15:00 ～ 18:00。
◎關閉時間：12 月 24 ～ 26 日，12 月 31 日～1 月 1 日。

特羅瑟姆纜車

　　特羅瑟姆纜車（Fjellheisen）的建造始於 1960 年，在 1961 年 2 月開始營運，乘坐纜車到山頂，特羅瑟姆的風景一覽無遺。

纜車最低點距離海平面約50公尺，到達山頂卻有420公尺的高度，雖然只有短短幾分鐘就抵達山頂，卻是來到特羅瑟姆絕不能錯過的體驗。從山頂遠眺特羅瑟姆的城市風光，四季各有不同的美。如果不想搭乘纜車，也可以選擇用步行的方式登上山頂，但建議搭乘纜車上山、然後步行下山。

永晝來到特羅瑟姆，任何時間都適合搭乘纜車，欣賞這日不落的城市，若是永夜來到這裡，建議選擇稍晚的時間搭乘纜車，運氣好就能看到極光。

Data
特羅瑟姆纜車
◎網址：https://fjellheisen.no/en/
◎開放時間：5 月 15 日～ 8 月 15 日，10:00 ～ 01:00 ｜
　8 月 16 日～ 5 月 14 日，10:00 ～ 22:00。
◎票價：成人 170 克朗，學生 120 克朗，兒童 60 克朗，家
　庭 350 克朗。

北極博物館

北極博物館（Polaria）於1998 年開幕，建築的外觀非常特別，就像是一塊塊的冰被推上岸，在這裡有許多北極的海洋植物、魚類和動物。館內有個巨大的水族箱，可以看到海豹在頭頂上游來游去，也有海豹的餵食秀，跟著馴獸師的指令做出不同動作的海豹，讓人覺得可愛又有趣。還有一間特別的電影院，播放關於北極的系列電影，讓你就像身在其中；電影結束還能進入北極走道，將電影所介紹的知識應用在大自然及野生動物的相處，是個適合全家一起前往的地方。

Data
北極博物館
◎網址：http://www.polaria.no/home.155300.en.html
◎門票：成人 130 克朗，孩童 65 克朗，學生 70 克朗，
　家庭 280 克朗。
◎開放時間：5 月 18 日～ 8 月 31 日，10:00 ～ 19:00 ｜
　9 月 1 日～ 5 月 17 日，10:00 ～ 17:00。

極光

極光是在高緯度的天空中，被地球磁場帶進大氣層裡的帶電高能粒子，和高層大氣的原子碰撞造成的發光現象。極光大多發生在所謂的極光帶，通常是在南、北緯 67 度附近的兩個環狀區域內，北半球觀察到的稱為北極光，南半球觀察到的就是南極光。當極光出現時，大致向東、西方擴展，有時形成靜態弧，有時成為活躍的極光、不停的變化，這是因為受到地球磁場的影響。極光的顏色主要為紅色和綠色，是高層大氣中的氮、氧原子被激發分別發出的光，而其他顏色的光則是綠色與紅色的混合。

（photo by kasia Wronska）

極光對挪威人而言，已經像是生活中的一部分，雖然在挪威的北部比較容易看到極光，但有時候在南部沒有光害的地方也有機會看得到，只是不像北部那樣頻繁，在挪威人的文化中，北極光不外乎是神話、傳說，或是一些藝術的表達。挪威政府還設計了一個稱為「挪威極光」（Norway Lights）的 App，可以查看在北部哪個區域、什麼時候可以看到極光，而極光的強度又是多少，透過這個 App 都可以及時掌握。到挪威欣賞極光的最佳季節是 9 月底～3 月底；從下午 6 點到凌晨 1 點，則是看到極光的最佳時機。在挪威的北部有很多地方都適合看極光，像是哈默菲斯特（Hammerfest）、羅弗敦群島（Lofoten）、北角（Nordkapp）及特羅瑟姆等。

特羅瑟姆約在北緯 70 度，不但有峽灣和島嶼，有時還能看到北極光。在這裡有許多極光相關的旅遊行程，建議大家可以參加，因為極光出現的時間不容易掌握，專業的旅行社會比較清楚。旅行團的費用約 900 克朗以上不等，就看自己怎麼選擇，有些旅行團甚至強調沒有看到極光就不收費，其實只要遠離市區、降低光害，就有機會看到極光。

（ photo by kasia Wronska ）

（ photo by kasia Wronska ）

遠在北歐的挪威，生活方式必然與臺灣有所不同，人在異鄉，總是會遇到一些突發狀況，擔心生病了該怎麼辦？萬一護照遺失要如何處理？提供一些實用的資訊，讓你在旅途中能夠輕鬆應付各種疑難雜症。

PART 7

挪威生活
小資訊

電信

挪威主要有兩大電信公司，分別為 Telenor 和 Telia，而且挪威屬於申根國家，有些歐洲的電信公司也會進駐挪威，例如 My Call。挪威的電信門號現在到其他國家也能使用，從 2016 年開始測試，之後就會在歐洲國家全面使用，到挪威旅遊時，建議買一張預付卡，方便在旅途中可以隨時聯繫。雖然臺灣的門號可以使用漫遊，但費用較高，倒不如買一張預付卡，既能撥打電話，還有網路可以使用。

Telia

挪威兩大電信公司之一，收訊與網路速度都不錯，連在峽灣都能收得到訊號，建議以此公司為優先選擇。在市區幾乎都能看到 Telia 的電信公司，但是挪威的門號需要經過身份認證，記得攜帶護照前往購買；如果是要加值，到便利商店就可以了。在費率方面有四種選擇：

> Data
> Telia
> ◎網址：https://telia.no/

網路	使用範圍	使用天數	價格
6 G	挪威通話及簡訊免費 瑞典、芬蘭、丹麥及波羅的海皆免費	31 天	399 克朗
3 G			299 克朗
1 G	挪威通話及簡訊免費		199 克朗
250 MB		14 天	99 克朗

Telenor

從 1855 年開始營業至今，已經有 160 年的歷史，在全球 13 個國家擁有據點，在挪威以外的歐盟區域也都可以使用。只要攜帶護照認證身份，就可以在市區的 Telenor 電信公司購買，在便利商店就可以加值。費率方面有五種選擇：

網路	使用範圍	使用天數	價格
8 G			449 克朗
5 G			399 克朗
3 G	挪威通話及簡訊免費 歐盟、歐洲經濟區免費	31 天	349 克朗
2 G			299 克朗
500 MB			249 克朗

My Call

My Call 是英國的公司，所以價格會比較便宜，在一般超市就可以購買，但是必須先在線上開卡才能使用，或是撥打客服電話完成開卡的程序。在費率方面有多樣化的選擇，有些以通話為主，以網路為主的選擇如下：

網路	使用範圍	使用天數	價格
100 MB	挪威通話 100 分鐘、簡訊 100 則、 歐盟及 9 個國家通話 50 分鐘免費		99 克朗
500 MB			199 克朗
2 G		30 天	79 克朗
6 G	不包含通話費		149 克朗
12 GB			219 克朗

緊急聯絡

遺失物品

在挪威遺失物品或護照，一定要先到附近的警察局報案，警察受理後會協助搜尋。如果遇到緊急的事件，可以撥打挪威警察局的代表號碼 112，使用手機或家用電話皆可撥打。

挪威警政
◎網址：https://www.politi.no/en/

就醫

在挪威如果遇到緊急的病情，可以撥打 110（救護車）。就醫分為兩種狀況，一種是急診，另一種是家庭醫生，通常旅客使用的都是急診。但千萬別認為急診室會馬上幫你處理，一樣要經過排隊，有時候甚至要等上兩、三個小時。但是挪威的醫院會依照年紀及病情狀況排序，緊急的病情會優先處理，如果只是感冒、並沒有生命危險，通常需要慢慢等待。

因為不屬於挪威的國民，急診的價錢是 300 克朗，若是需要領藥，則必須拿著處方籤到附近的藥局，且領藥時還需再支付藥品的錢，所以建議到挪威旅行還是要購買申根保險，萬一需要就醫、或是發生其他的意外才能申請理賠。

郵局

　　在挪威最特別的是郵局就在超市裡面，通常以 Rema1000 為主，幾乎都會有郵局進駐。如果需要郵寄東西，包裹的費用是從 289 克朗開始計算，每 1 公斤增加 50 克朗，以此列推；想郵寄信件或明信片的朋友，可以先到郵局秤重後再購買郵票，大約是 10 ～ 20 克朗。

Data
挪威郵政
◎網址：www.posten.no

Info

中華民國外交部為因應國際情勢變遷，將政府有限外交預算、資源及人力配置有效運用，以發揮最大效益，經審慎通盤評估並報奉行政院核定後，決定自 106 年 9 月 30 日起暫停駐挪威代表處運作，領務服務則於 8 月 31 日起暫停。

駐挪威代表處暫停運作後，原有業務自 10 月 1 日移交駐瑞典代表處兼理。領務服務則自 9 月 1 日起移轉。擬申辦領務之旅外國人請於 9 月 1 日起逕洽駐瑞典代表處 (Taipei Mission in Sweden) 申辦。

駐瑞典台北代表處
網站：http://www.roc-taiwan.org/se/

國家圖書館出版品預行編目資料

挪威自助超簡單 / 高郁欣 文.攝影. -- 初版. --
臺北市 ： 華成圖書, 2017.09
　面 ； 　公分. --（GO簡單系列 ； G0325）
ISBN 978-986-192-306-2(平裝)

1. 自助旅行 2. 挪威

747.49　　　　　　　　　　　　　　106012234

GO簡單系列　G0325

挪威自助超簡單

作　　者／高郁欣

出版發行／ 華杏出版機構

　　　　　華成圖書出版股份有限公司
　　　　　www.far-reaching.com.tw
　　　　　11493台北市內湖區洲子街72號5樓（愛丁堡科技中心）
　　　　　戶　　名　　華成圖書出版股份有限公司
　　　　　郵政劃撥　　19590886
　　　　　e - m a i l　　huacheng@email.farseeing.com.tw
　　　　　電　　話　　02-27975050
　　　　　傳　　真　　02-87972007
　　　　　華杏網址　　www.farseeing.com.tw
　　　　　e - m a i l　　fars@ms6.hinet.net
　　　　　華成創辦人　　郭麗群
　　　　　發 行 人　　蕭聿雯
　　　　　總 經 理　　蕭紹宏
　　　　　法 律 顧 問　　蕭雄淋‧陳淑貞

　　　　　主　　編　　王國華
　　　　　責 任 編 輯　　蔡明娟
　　　　　美 術 設 計　　陳秋霞
　　　　　印 務 主 任　　何麗英

定　　價／以封底定價為準
出版印刷／2017年10月初版1刷

總 經 銷／知己圖書股份有限公司
　　　　　台中市工業區30路1號　　電話　04-23595819　　傳真　04-23597123

☺ 讀 者 回 函 卡

謝謝您購買此書，為了加強對讀者的服務，請詳細填寫本回函卡，寄回給我們（免貼郵票）或 E-mail至huacheng@email.farseeing.com.tw給予建議，您即可不定期收到本公司的出版訊息！

您所購買的書名/＿＿＿＿＿＿＿＿＿＿＿　購買書店名/＿＿＿＿＿＿＿＿＿

您的姓名/＿＿＿＿＿＿＿＿＿＿＿＿＿　聯絡電話/＿＿＿＿＿＿＿＿＿

您的性別/□男 □女　　您的生日/西元＿＿＿＿年＿＿月＿＿日

您的通訊地址/□□□□□＿＿＿＿＿＿＿＿＿＿＿＿＿＿＿＿＿＿

您的電子郵件信箱/＿＿＿＿＿＿＿＿＿＿＿＿＿＿＿＿＿＿＿＿＿

您的職業/□學生　□軍公教　□金融　□服務　□資訊　□製造　□自由　□傳播
　　　　　□農漁牧　□家管　□退休　□其他

您的學歷/□國中（含以下）　□高中（職）　□大學（大專）　□研究所（含以上）

您從何處得知本書訊息/（可複選）

□書店　□網路　□報紙　□雜誌　□電視　□廣播　□他人推薦　□其他

您經常的購書習慣/（可複選）

□書店購買　□網路購書　□傳真訂購　□郵政劃撥　□其他＿＿＿＿＿＿＿

您覺得本書價格/□合理　□偏高　□便宜

您對本書的評價（請填代號/ 1.非常滿意 2.滿意 3.尚可 4.不滿意 5.非常不滿意）

封面設計＿＿＿　版面編排＿＿＿　書名＿＿＿　內容＿＿＿　文筆＿＿＿

您對於讀完本書後感到/□收穫很大　□有點小收穫　□沒有收穫

您會推薦本書給別人嗎/□會　□不會　□不一定

您希望閱讀到什麼類型的書籍/＿＿＿＿＿＿＿＿＿＿＿＿＿＿＿＿＿＿

您對本書及我們的建議/

(華杏出版機構)

華成圖書出版股份有限公司　收

11493 台北市內湖區洲子街72號5樓（愛丁堡科技中心）

TEL/02-27975050

（沿線剪下）

（對折黏貼後，即可直接郵寄）

☺ 本公司為求提升品質特別設計這份「讀者回函卡」，懇請惠予意見，幫助我們更上一層樓。感謝您的支持與愛護！

www.far-reaching.com.tw　　請將 G0325 「讀者回函卡」寄回或傳真 (02) 8797-2007